キリストの愛に基づく

グリーフケア

エマオの途上を主イエスと歩む

岩上真歩子［著］
Iwagami Mahoko

いのちのことば社

はじめに

本書の執筆に至る経緯

二〇一一年三月、東日本大震災後のことです。しばらくしてから、私は被災地の保育園でカウンセラーとして支援に加わり、それをきっかけに、被災地における中長期支援に携わっています。その中で、被災地支援はグリーフケアであると考えるようになりました。「グリーフケア」とは、喪失による悲嘆（グリーフ）の中にある人をケアすることです。被災地に入る支援者は、災害によって目に見えるもの、目に見えないものを喪失した人々をケアします。ボランティアは、崩れ落ちた家の掃除や泥かき、水や食料などの物資の提供、話を聴くなど、さまざまな支援を通して、なんとか被災者の方々が生きていく力を取り戻してほしいと願います。私もそのように祈りながら被災地支援に携わりましたが、災害を直接経験したことのない私は、不用意な言葉で被災者を傷つけてしまうこともありました。そして、幾度となく神さまの前に、「私のような者を通してでも神さまの愛が被災者に届くように」と憐（あわれ）みを祈り続けました。

このような経験を通して、私は「キリストの愛に基づくグリーフケア」というテーマに取り組むようになりました。改めて、グリーフケアの視点から聖書を読むと、聖書は神さまによる人へのグリーフケアで満ちていることに気づかされます。そして、そのグリーフケアの究極が、イエスさまによる十字架上での贖（あがな）いの恵みです。イエスさまが罪人に近づき、声をかけ、一人ひとりに必要なグリーフケアをしておられること、十字架の上で私たちの罪のために贖いを成し遂げられたこと、復活して弟子たちにご自身を現され、それぞれの弟子との関係の中で丁寧に痛みをケアされていることに改めて感動しました。そして、主イエスの贖いの恵みによって私自身の罪が赦（ゆる）され、聖霊が内に住んでくださり、私を変え続けてくださる恵みを思いめぐらし、これが「キリストの愛に基づくグリーフケア」だと考えるようになりました。

五年ほど前に、「心のケアミニストリー タリタ・クム」を立ち上げ、その働きの中心に「キリストの愛に基づくグリーフケア」を据えました。これまで被災地や教会、そしてコロナ下においてはオンラインでのグリーフケアセミナーを行ってきました。本書は、数々のセミナーで受講者の皆さまと共に学んできたこと、ディスカッションなどを通して私自身が教えられたことをまとめたものです。また、なるべく多くの事例を紹介することで、机上の学びではなく、実践に結びつくようにと工夫しました。本書で紹介する事例は、複数の事例を組み合わせることで、特定の個人を識別できないようにしています。また、必要な場合には当事者から事例掲載の許可もいただきました。本書を通してより多くの人々が「キリストの愛に基づくグリーフケア」を学び、また本書がそれを実践するための一助となりますようにと祈ります。

本書の目的と対象

一般的にグリーフケアで扱う「喪失」は、愛する家族や友人など大切な人との死別を意味すると思われるかもしれません。しかし、グリーフケアの対象は死別による喪失に限定されません。４章で詳しく説明しますが、死別以外にも喪失にはさまざまなものが含まれます。例えば、転居により住み慣れた環境を失う、年を重ねるにつれ健康を損なうなど、あらゆる喪失がグリーフケアの対象となりえます。一方、すべての喪失が人にグリーフをもたらすわけでもありません。同じような喪失であっても、人によって喪失に対する捉え方はさまざまです。全く気にしない人もいれば、大きなショックを受けて悲しみに暮れる人もいます。被災地支援をしていた時、「今回はなんとか乗り越えられる。でも次に災害が起こったら私はもう耐えられない」との話も聴きました。喪失に対する反応もケースバイケースです。

本書で紹介する「キリストの愛に基づくグリーフケア」は、このように生きていく上で経験するさまざまな喪失だけでなく「**根本的な喪失**」にも目を向けます。神さまが人を創造された時に与えてくださった「神のかたちの喪失」です。創世記3章にあるように、人が神さまに逆らい、罪と死がこの世界に入ったために「神のかたち」は失われてしまいました。その意味において、すべての人が「喪失」の中にあることを前提としています。ただし私たちは「神のかたち」を完全に失ったわけではありません。むしろ「神のかたちがゆがめられた」という表現のほうが正確でしょう。本書で「神のかたちの喪失」という時、厳密には、「人が創造された時に与えられていた、本来の神のかたちがゆがめられたこと／失われたこと」を意味します。それにより人と神さまとの関係、人と人の関係、さらに人と被造物との関係にも「ゆがみ」が生じてしまったと理解します。こうして私たちはその影響下を生きるようになりました。

しかしイエスさまの十字架と復活により、神さまは私たちを贖ってくださいました。本来あった神のかたちは喪失していくプロセスにありますが、贖われたクリスチャンは、恵みにより、新たに神のかたちが「回復」されていきます。一方で、そのような回復は、もともと人が創造された時の「神のかたち」と全く同じものに戻っていくのではなく、聖霊の働きにより新たに造られていくことなのです。ですから「回復」というよりむしろ「再生」と言えるでしょう。

グリーフケアが必要と思われている方だけではなく、自分にはグリーフケアは必要ないと思っている方にもこの本を読んでほしいと思います。改めて人生を振り返り、これまで気づかなかった、または忘れていた喪失経験に目を向けることで自分自身の心の中にあるグリーフにハッとさせられるかもしれません。そのグリーフを神さまの前に差し出し祈ることで、神さまから慰めを受け、神さまとの関係が深められ、神のかたちが再生されていく歩みを始めるきっかけとなれればと思います。

また、誰かのためにグリーフケアをしたいと思っている方にも本書をお勧めします。グリーフケアをするための基本的な知識や実践方法について学ぶためだけではなく、自分自身のグリーフケアのためにも読んでください。なぜなら、誰かのグリーフケアをする人は、自分自身のグリーフケアにも取り組む必要があるからです。例えば、誰かのグリーフケアをしながら愛の足りない自分や過去に経験した喪失から生じる、心の中に深く押し込んでいたグリーフに目が開かれるかもしれません。それは改めて神さまと出会い、神さまとの関係が深められ、神のかたちへと変えられていくチャンスです。神さまの愛に触れていただき、心が変えられることで、「キリストの愛に基づくグリーフケア」を実践することができるように整えられていくことでしょう。

本書の構成

第1部では、父なる神（1章）、御子なるイエス（2章）、聖霊なる神（3章）がどのようにグリーフケアをされているのか、聖書を一緒に読みながら学んでいきたいと思います。

第2部では、心理学的な理論に基づくグリーフケアについての基本的な知識を整理しておきたいと思います。喪失（4章）、グリーフについての定義やグリーフ反応（5章）、伝統的なグリーフプロセス（6章）を学びます。さらに、グリーフプロセスにおける「ストーリーとアイデンティティ」（7章）と「リ・メンバリング」（8章）についてナラティヴ・アプローチによるグリーフケアから学びます。[1]「キリストの愛に基づくグリーフケア」は、ここで学ぶ心理学的なグリーフケアの理論を聖書的な視点から見直したものです。

第3部は、グリーフケアの実践です。イエスさまによるエマオの途上の弟子たちに対するグリーフケアをモデルとし、近づく（9章）、聴く（10章）、説き明かす（11章）、食卓につく（12章）について、どのようにキリストの愛に基づくグリーフケアを行っていくのか、共に考えていきたいと思います。

各章の終わりには、「タリタ・クムタイム」を設け、振り返りのための問いを用意しています。Aの設問は、自分自身の歩みを振り返るためのものです。Bの設問は、誰かに対してグリーフケアをするために自分の考えや知識を整理するためのものです。これらの問いを教会の小グループなどで共に学ぶのもよいでしょう。そうすることで一人ひとりが変えられていくだけではなく、コミュニティに神さまが働いてくださると信じます。一方、一人で取り組みたいと思う方、自分自身の経験を誰かに話すにはまだ時ではないと思う方もいるかもしれません。そのような場合には、神さまの前に祈りつつ、設問の答えを自分なりに書き留めてみるとよいかもしれません。時が来たら、信頼できる方と共有することで、新たな気づきがあるかもしれません。イエスさまが少女に触れ「『タリタ、クム。』……『少女よ、あなたに言う。起きなさい』」（マルコ5・41）と言い、起き上がらせてくださったように、「タリタ・クムタイム」に聖霊が働いてくださり、一人ひとりが、またコミュニティが、キリストの愛に触れられ起き上がる機会になればと祈ります。

目次

装幀　長尾契子（Londel）

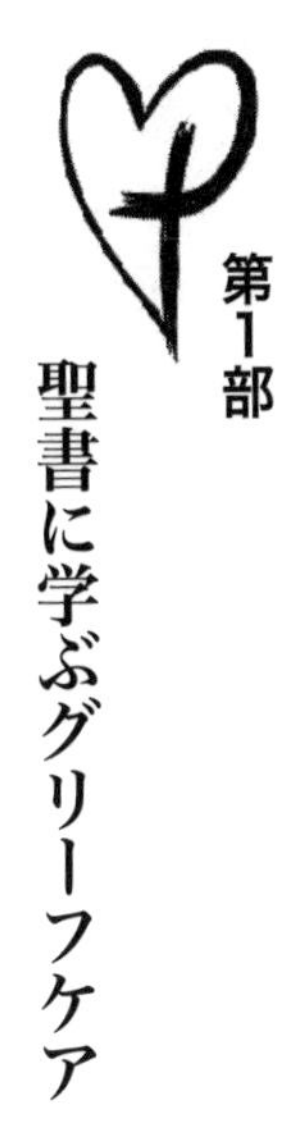

第1部 聖書に学ぶグリーフケア

第1章　父なる神によるグリーフケア(2)

神である主は、人に呼びかけ、彼に言われた。「あなたはどこにいるのか。」（創世3・9）

小学校でスクールカウンセラーをしていた時のことです。時々、嫌なことがあると教室を飛び出していく子どもがいました。正門から外に出ていくと危ないですから、先生たちは必死になってその子を捜します。やっと見つけても、その子は「来るな！」と叫びながら、ますます遠くに走って逃げていくこともあります。「来るな！」と言われても放っておくことはできませんから、先生たちはどこまでも追いかけていきます。なんとか追いついても、すんなりと教室に戻ってきてくれるわけではありません。話を聴き、気持ちを逸らすための工夫をしながら、少しずつその子の気持ちをなだめて教室へと一緒に戻ります。

私もカウンセラーとして子どもを追いかけたことが何度もあります。ある時、追いかけながらふと思いました。「神さまもまた、私をどこまでも追いかけてくださったな」と。「自分の道は自分で決める」と神さまから逃げ出したあの時も、この時も、「あなたはどこにいるのか」

と捜し、見つけだし、いつでも愛で包み込んでくださいました。神さまは「あなたはどこにいるのか」と、人を捜し求めてくださいます。人を捜し求める神さまの姿は、聖書に多く描かれています。旧約聖書では、預言者ホセアが自分を裏切り、離れて行った妻ゴメルを捜し、取り戻しています（ホセア3・1〜3）。新約聖書では、主イエスのたとえの一匹の失われた羊を捜す羊飼いの姿（ルカ15・4〜6）、失われた一枚の銀貨を捜す女性（同15・8〜9）、失われた息子を待ち続ける父親（同15・20〜24）の姿がその代表例でしょう。神さまの救いの御業は、喪失と回復／再生の物語として比喩的に描かれています。

神さまは私たちを捜して見つけだすだけではなく、私たちが神さまの愛を知り、そして神さまを愛するように「神のかたち」へと造り変えてくださいます。このような愛の神さまの姿こそが、グリーフケアの土台であり、出発点です。グリーフケアの視点から聖書をもう一度読んでみると、神さまによる数々のグリーフケアに目が開かれることでしょう。

神のかたちの喪失とグリーフ（喪失による悲嘆）の始まり

神は人をご自身のかたちとして創造された。神のかたちとして人を創造し、男と女に彼らを創造された。（創世1・27）

「神は人をご自身のかたちとして創造された」（創世1・27）。これは、人は神ご自身のご性質を反映するべく「神のかたち」に創造されたということを意味します。神さまのご性質の中心は愛です。人は神さまに愛されていました。人も神さまを愛していました。その愛の関係の中で、共に歩むためにいのちが与えられました。これが、神と人との愛に基づく関係の始まりです。このまま神さまと人が愛し合う関係が続いていたならば、「グリーフケア」という言葉は存在しなかったことでしょう。死が人類の中に入ることも、互いに傷つけ合ったりすることもなく、神さまとの交わりの中で、平安のうちに過ごしていたと思います。けれども、その関係は長くは続きませんでした。人が罪を犯したのです。神さまは人に一つの戒めを与えていました。「善悪の知識の木からは、食べてはならない。その木から食べるとき、あなたは必ず死ぬ」（同2・17）。「あなたは神のようになる」という蛇の誘惑に惑わされ、人が園の中央にある木の実を食べてしまった時、人類の中に罪が入りました。人は自分たちが裸であることを知り、いちじくの葉で腰を覆い隠しました。やがて人との交わりを求めて園の中を歩いておられる神さまの御声が聞こえてきます。「あなたはどこにいるのか」（同3・9）と。その時、人は神さまから身を隠すことを選びました。人の心の内で、愛が恐れに変わり、神さまと人との間にあった親密な交わりは失われました。これこそが最初の喪失の出来事であり、これ以降人類に影響を与え続けるグリーフの始まりです。「あなたは必ず死ぬ」（同2・17）との言葉のとおり、人は神さまとの親しい交わりを失いました。この時、人は本来の「神のかたち」を喪失したのです。

忘れてはならないことがもう一つあります。喪失とグリーフを経験したのは、人だけではありません。この時の神さまの御思いを想像してみましょう。人が身を隠す前から、神さまはすでに人が木の実を食べてしまったことも、親しい交わりが失われてしまったこともご存じだったことでしょう。それでも神さまは「あなたはどこにいるのか」と人を捜しています（同3・9）。その神さまから人は身を隠す選択をしました。

「グリーフケア」というと、自分が何か大切なものを喪失し、その喪失による自分のグリーフがケアされていくという一面に目を留めがちです。でも、実際はそれだけではありません。私たちが神さまから目を背け、罪に従って生活することによって、周りの人にも大切なものを失わせてしまうのです。喪失は連鎖します。例えば、夫婦関係において、自分の思いや願いを優先するあまり、配偶者の思いや願いに配慮することができず、関係がこじれていくことがあります。気がついた時にはもう取り返しがつかないほどの状態になり、口から出る言葉の一つひとつが矢となって相手の心に突き刺さり、お互いを傷つけ合い、結婚をあきらめていく夫婦も少なくはありません。大切なものを失っているのはどちらか一方だけではありません。自分だけが痛んでいるわけではないのです。自分の欲望や痛みにばかりとらわれてしまうことで、相手に与えている痛みに気づけなくなることがあります。

人が神さまの命令に背き、神さまとの交わりを喪失した時、神さまもまた人との交わりを喪失しました。これが、神さまにとっても、人にとってもグリーフの始まりといえるでしょう。人が神さまに与えたグリーフについて想像しようとしても、それは私たちの想像をはるかに超えるものであり、到底理解できないものだと思います。人と人との間で生じるグリーフは、「お互いさま」である場合も多いでしょう。でも、神さまと人の場合には、人が一方的に神さまに背を向け、神さまに対してグリーフを与えてしまったのです。

神のかたちの喪失による影響

神さまとの親しい関係を失った人間が、その後どのような歩みをたどったのかは、聖書を読み進めていくと分かります。カインとアベルの間で起こった家族の中での殺人（創世4章）、ヤコブとエサウの間で起こっただまし合いなどです（同27章）。互いに愛し合い、助け合うために創造された家族が意図的に互いを傷つけ合うのです。神さまとの親密な関係を喪失したことにより、人と人との関係にもゆがみが生じました。聖書の中にはそのゆがみの影響による数々の喪失が描かれています。

現代の家族に目を転じてみましょう。虐待や家庭内暴力の増加、離婚、不倫など、家族の関係性のゆがみにより、多くの痛みが生じています。それは子どもにも影響します。例えば、夫婦関係が悪化し、複雑に絡み合った関係性の中に置かれた子どもがいます。必然的にエネルギーは低下し、学校に行く気がしない、教室に入ることができないために不登校になっている場合があります。これはほんの一例にすぎません。現代の家族においても、「神のかたちのゆがみ」による影響はさまざまなところに見られます。

神さまによるグリーフケア（聖書のストーリー）

神さまから身を隠し、神さまに背を向けて罪の中を歩んでいるのですから、人がさまざまな喪失を体験し、グリーフの中に置かれていることも自業自得なのかもしれません。人と人との関係では、自ら背を向けて去っていく者にわざわざ手を差し伸べようとはしないことも多いでしょう。でも、神さまの愛は、人とは比べものになりません。「人とは何ものなのでしょう。あなたが心に留められるとは。人の子とはいったい何ものなのでしょう。あなたが顧みてくださるとは」（詩篇8・4）とあるように、神さまはどこまでも人を愛し、人を祝福するための道を備えてくださいます。

神さまはアダムとエバに皮の衣を作って、着せておられます（創世3・21）。また神さまはアブラハムを召し出して、約束の地へと彼とその家族を導き、子孫にまで祝福を約束されました（同12章）。そして、アブラハムと正式に契約を結び、契約を守る義務をご自身が負われました（同15章）。

アブラハムとの契約に忠実である神さまは、エジプトで奴隷状態にあったイスラエルの民を、モーセを通して救い出し、律法を与えて、約束の地へと導かれました。やがてイスラエル国家が成立しますが、ダビデ王を立てて、彼とその子孫をイスラエルの永遠の王として立てると契約を結ばれました。イスラエルの民が偶像礼拝に陥り神さまに逆らっても、預言者を立てて、悔い改めて神に立ち返るようにメッセージを語らせました。そのメッセージに耳を傾けることなく偶像礼拝を続けるイスラエルの民は、律法にあるとおりに国を滅ぼされ、バビロン捕囚となります。それでも神さまは、バビロン捕囚から民を解放し、国と神殿の再建をお許しになったのです。

旧約聖書のイスラエルの歴史が示すとおり、アブラハムの契約に忠実であってくださる神さましまは、どこまでもイスラエルをあきらめずに、イスラエルを回復するために働きかけておられました。

やがて時が満ちて、神さまはご自身の御子であるイエスさまを、ダビデの子、メシアとして地上にお遣わしになりました。イエスさまは罪によって苦しみ、痛んでいる人々と共に歩み、人々を悔い改めに招かれました。そして私たちの罪のために、十字架にかかり、三日目に復活され、イスラエルと異邦人、すべての人の贖いを成し遂げられました。イエスさまが天に帰られた後、神さまはペンテコステの日に聖霊をお遣わしになり、新たにキリストの弟子の群れをお集めになりました。聖霊はイエスさまの救いの働きを今に至るまで継続しておられるのです。

旧約聖書と新約聖書のストーリー全体を通して、神さまが人との関係を回復しようと働いておられる姿が描かれています。罪によって人の中の「神のかたち」がゆがめられました。けれどもストーリーはそこで終わりませんでした。イエス・キリストの贖いの御業により、神さまとの関係を回復する道が開かれました。神さまは私たちを、神さまとの親しい関係の中に招き入れてくださり、私たちの内にある、ゆがんでしまった神のかたちを再生していくように導いてくださいます。だから私たちは神さまとの歩みを通して、生涯をかけて、神のかたちの回復／再生のプロセスを歩むことができます。こうして私たちは神さまとの親しい交わりを深め、神さまを愛し、人を愛する者へと造り変えられていきます。聖霊は私たちの内に働いて、神のかたちへの回復／再生を導いてくださるのです。神さまの救いの御業は、神さまによる私たちのための壮大なグリーフケアであると言っても過言ではありません。

人生を歩んでいく時に、私たちはさまざまな問題に直面します。自分で解決できる問題もあれば、到底手に負えない問題もあります。自分の身勝手さのゆえに問題を作り出してしまうこともあり、ほとほと自分が嫌になってしまうこともあるでしょう。私たちが自分自身をあきらめたくなるような時でさえも、神さまは決して私たちをあきらめることがありません。一つひとつの出来事を通して、私たちは神さまとの関係を深め、神さまとの関係の中で神さまに愛され、「神のかたち」に造り変えられていくのです。

神のかたちの回復／再生

神さまの愛を受け、神さまとの関係の中で「神のかたち」へと造り変えられていくにつれて、私たちは周りの人たちを愛したいと思うようになりますし、愛することができるように変えられていきます。

これまでたくさんのお母さんたちのカウンセリングをしてきました。そのほとんどが子どもを愛していて、さまざまな問題に直面しているわが子をなんとかしたいという相談でした。でも時々、「子どもを愛することができません。どうして子どもを愛さなくてはいけないのかも分かりません」と話す方もいました。「親に愛されなかったから、子どもを愛したくない」と意図的に愛することを拒否する人もいれば、「愛し方が分からない」と悩む人もいました。人は愛されることにより、人を愛することができるようになるのでしょう。私たちは、神さまに愛され、神さまとの関係の中でその愛を経験することで、人を愛することができるように変えられていくのだと思います。

　家族を自死で亡くされた遺族のカウンセリングをすることがあります。子どもを自死で亡くされた直後にカウンセリングをした時のことです。私は、カウンセリングの間、嗚咽（おえつ）される方を前に何も声をかけることができませんでした。「うちの子は天国に行ったのですか？」との問いに答えることができない無力感に打ちのめされました。私がカウンセリングを担当するべきではない、私にはカウンセリング力がないと自分を責めていました。そして、もっと優秀なカウンセラーを紹介しようと思いながら、トボトボと帰宅していた時、神さまから語りかけられました。「私はあなたを愛している」と。そして、私自身が神さまに背を向けて歩んでいたのにもかかわらず、神さまの愛でしっかりと受けとめていただいた経験を思い出しました。このことがあったので、「私には力はないかもしれない、私の愛はちっぽけな愛かもしれない、でも、目の前に神さまが送ってくださったこの人を愛し続けよう、受けとめ続けよう」と思い、カウンセリングを続けることができました。カウンセリングを終結する時、その方は私に言われました。「一緒に泣いてくれてありがとうございました。あなたがいてくれたから、私は今、生きていられます。」あの時、神さまが私に語ってくださり、神さまから受けた愛を思い出すことができなければ、途中で投げ出していたかもしれません。そう思うと、神さまの憐れみに深く感謝しました。

人生は喪失の連続です。喪失に対するグリーフケアは簡単なものではありません。ケアしようとする者にも人としての限界があります。それでも神さまから愛されていることを体験し、その愛によって私たちの内側が変えられていく、人を愛することができる者になっていくのだと思います。

コラム　「あなたはどこにいるのか」

私が初めてグリーフケアセミナーを開催したのは、被災地でした。当時は支援者支援のために、月一回のペースで被災地に入り、傾聴セミナーをしていました。そのセミナーには、キリストの愛を伝えようと、日々主に仕え、人に仕えている方々が集まっていました。私が一方的に情報を提供するようなセミナーではなく、できる限りセミナー参加者の方々が意見交換をする機会を提供したいと思っていました。現地で主に仕えておられる方々のお話を聴き、私自身も学びたいと思っていたからです。

ある日のグリーフケアセミナーで、創世記3章を開き、グリーフケアのセミナーを始めました。参加者の一人が、悲しそうな顔で言いました。「神さまが『あなたはどこにいるのか』と言われた時、どんな思いだったのだろう。」私はそれを聞いて、ハッとさせられました。というのは、それまで私が学んでいたグリーフケアは心理学的な理論に基づくものであり、「喪失を経験した人がいかに回復していくか」に焦点が当てられていました。でも、それは一面的なものであることに気づかされたのです。私が喪失の痛みを経験する時、それは私だけの痛みではなく、誰かに痛みを負わせることもあるということです。

このように考える時、グリーフケアの重要性が増してきます。例えば、家庭内暴力の加害者のカウンセリングをしていると、その人の中に深い喪失体験があり、その体験が長い間ケアされないままで残っている場合が少なくありません。それにはさまざまな理由があります。例えば、過去の喪失体験から目を逸らし向き合うことを避けてきた、その体験によるみがあまりに強いために人に与えている痛みに気づけない、自分が痛んでいるのだから人に痛みを与えても仕方がないと考えているなどです。いずれにせよ、喪失によるグリーフがケアされていないことにより、大切な家族を含む周りの人を傷つけてしまうこともありますし、自分が家族を傷つけていることに気づくことさえできなくなってしまうこともあるでしょう。

「あなたはどこにいるのか」と神さまは捜し続けてくださいます。そして、私たちが神さまとの関係を回復し、神さまの愛に包まれ、神さまによってケアされていくことにより、自分自身だけでなく、周りの人をもケアしていくことにつながるでしょう。人は人との関係の中で生きていますから、互いに影響を与え合うことができます。「あなたはどこにいるのか」という神さまの御声に注意深く耳を傾けつつ、神さまのみこころの内に留まりたいと思います。

タリタ・クムタイム

A　**自分自身のことを振り返りましょう。**

・創世記3章を読みましょう。「あなたはどこにいるのか」（創世3・9）と言われた時、神さまはどのような思いだったのでしょうか？

・「あなたはどこにいるのか」と神さまはあなたに問いかけておられます。あなたは、神さまとの関係において、どこにいますか？

B　**あなたがグリーフケアをしている人たちのことを思い浮かべましょう。**

・本章からどのようなことを学びましたか？

・それらはグリーフケアをするにあたり、どのような助けになるでしょうか？

第2章　御子なるイエスによるグリーフケア(3)

カウンセラーとして大切なことは、一人ひとりの体験に丁寧に耳を傾けることです。同じようなことに思えても、その人がどのように捉えているのか、何を感じ、どのような思いをもっているのかは、本人に聴かなければ分からないからです。聴こうとしなければ、知らず知らずのうちに決めつけ、分かったつもりになってしまいます。

学校の相談室で、私は不登校の子どもたちとよく時間を過ごします。「先生が嫌だ」「友達が嫌だ」「勉強についていけない」など、みな似たような理由を話しますが、よく話を聴いてみると、「どのように嫌なのか」は一人ひとり異なります。例えば、僕のことを分かってくれないから嫌だ、先生が厳しいから嫌だ、周りの子たちを怒るから嫌だ、などさまざまです。

同じものを喪失していても、その体験の仕方は異なるのです。私はそのことを被災地で実感しました。地震で家が崩れてしまったという、外から見れば同じような出来事であったとしても、その体験の仕方は一人ひとり異なります。その家は賃貸なのか、それとも持ち家なのか、一人で住んでいるのか、それとも家族と住んでいるのか、地震の時に家の中にいたのか、離れたところにいたのか、などさまざまです。人を理解するためには、先入観なしに丁寧に相手の話に耳を傾けなければなりません。

四つの福音書にはイエスさまが多くの人々と対話し、教え、癒やしを行ったストーリーが描かれています。グリーフケアの視点から福音書を読んでいる時、私は「イエスさまのようなカウンセラーになりたい」と心から思います。一人ひとりを大切にし、耳を傾け、丁寧に的確に声をかけている姿に教えられます。二つの聖書箇所からイエスさまのグリーフケアを学びたいと思います。

マルコの福音書５章21～43節　ヤイロの娘と長血の女性

マイケル・カード（Michael Card）という米国のクリスチャンシンガーソングライターによる「タリタ・クミ（Talitha Koumi）」という曲を初めて聞いたのは、今から二十年以上も前のことです。マルコ５章に記されているヤイロの娘の癒やしの情景が生き生きと描かれています。今でも時々この曲を聞きます。愛する娘を病気で亡くそうとしているヤイロの恐れに共感することもあれば、ヤイロの娘に「タリタ、クム」（マルコ５・41）と言われたイエスさまの言葉によって私自身が恐れの中から立ち上がる力を得ることもあります。

ここに描かれているのは、愛する娘が病気で弱っていく姿を見ながら何もしてあげられない無力感と、娘が亡くなってしまうかもしれない恐れと混乱の中、人目もはばからずイエスさまの前にひれ伏し、「娘を助けてほしい」と懇願するヤイロの姿です。このようなヤイロをイエスさまは受け入れ、彼の家へと一緒に歩いて行かれました。ヤイロへのグリーフケアの始まりです。家に向かう途中、ヤイロにとっては受け入れがたいような出来事が起こります。長血をわずらっている女性の癒やしです。この女性の手がご自分の衣に触れた時、イエスさまはわざわざ振り向いて「だれがわたしの衣にさわったのですか」（同5・30）と言われました。ヤイロは、一刻も早く娘のところにイエスさまをお連れしたいと焦っていたことでしょう。娘がないがしろにされているとさえ感じたかもしれません。弟子たちも群衆が押し迫っている中で、なぜ衣に触られたことをイエスさまが気にされるのか理解できなかったようです。

でも、この時のイエスさまにとっては、「だれが衣にさわったのか」が関心事でした。なぜでしょうか。長血の女性に目を向けてみましょう。この女性は、十二年にわたって病気と闘っていました（健康の喪失）。それだけでなく医者からもひどい目に遭わされ（信頼関係の喪失）、持っているものをすべて使い果たし（経済的な喪失）、出血のために宗教的にも汚れていると見なされ、共同体から除け者にされていたのです（コミュニティの喪失）。このように目に見えるもの、見えないものを幾重にも喪失し、痛みの中にありました。それでも「イエスさまならば癒やしてくださる」と最後の望みをかけてイエスさまに近づき、その衣に触れたのです。出血という宗教的に汚れた状態で触れれば、イエスさまを汚してしまい、イエスさまからも周囲からも非難されるかもしれないという恐れがありました。ですから誰にも気づかれないように衣に触れ、群衆に紛れて立ち去ろうとしたのです。イエスさまの衣に触れると、すぐに彼女の病気は癒やされました。

けれどもイエスさまは、彼女を黙って去らせようとはしませんでした。彼女が身体的な回復を得るだけでは十分でないことをご存じだったからです。わざわざ群衆の前に彼女を招き、「娘よ。あなたの信仰があなたを救ったのです。安心して行きなさい。苦しむことなく、健やかでいなさい」（同５・34）と声をかけ、身体的な癒やしだけではなく、全人格的な救いを群衆の前で宣言されました。こうして、この女性は身体的に回復しただけでなく、コミュニティの中での自らの立場を取り戻しました。そして、平安（シャローム）をもちつつ生きることができるようにしてくださったのです。この長血の女性に対してイエスさまは全人格的なグリーフケアをされました。

さて、ヤイロに戻りましょう。イエスさまがまだ話しておられる時、ヤイロの家の者がやってきて、ヤイロの娘が亡くなったことを告げました。ヤイロが最も恐れていたことが現実となったのです。この時、イエスさまはヤイロに「恐れないで、ただ信じていなさい」(同5・36)と言われました。この言葉もまた、ヤイロにとっては受け入れがたいものだったのではと想像します。ヤイロの心は恐れで満ちていたことでしょう。そんなヤイロに、恐れないで信じるようにとイエスさまは言われたのです。そして、イエスさまは娘のところに行き、手をとって「タリタ、クム」と言われました。こうして、少女は生き返りました。

ところがイエスさまは、長血の女性の場合とは全く逆で、この出来事を誰にも知らせないように命じました(同5・43)。どうして「だれにも知らせないように」と言われたのでしょうか。イエスさまに生き返らせてもらったという噂が町中に広まることが、十二歳の女の子にとって益になるとは思えません。少女のこれからの生活を考えると、このようにイエスさまが命じられたことは理解できます。イエスさまはこの少女にも全人格的な回復を願っておられるのです。

ここで忘れてはいけないのが、ヤイロとその家族です。会堂管理者という自らの立場や評判を振り切り、大事な娘を癒やしてほしいとイエスさまの前にひれ伏したヤイロは、娘の死の知らせを聞いた時、「どうしてイエスさまを信じたのだろうか」と後悔したかもしれません。でも、娘が亡くなった知らせを聞き、精神的にもどん底に突き落とされたヤイロにとって、「恐れないで、ただ信じていなさい」（同5・36）というのは、最も適切な語りかけだったことが分かります。なぜならこの時のヤイロにとっては、イエスさまを信じる以外に救いの道はありませんでした。ですから、イエスさまへの信仰をもち続けるようにと語られているのです。そして、イエスさまは娘を生き返らせてくださいました。この時、ヤイロもその家族もイエスさまのことを「この方こそ救い主である」と信じる信仰を深くしたことでしょう。

イエスさまのグリーフケアは、一人ひとりの置かれている立場や状況を見極めながら、一人ひとりが健やかに生きていくことをめざしています。つまり、病気や問題の解決ではなく、その人が全人格的に回復することです。病気を患っていることは同じであっても、どのくらいの期間の病気なのか、それがどのように日々の生活に影響しているのか、その病気によって誰（家族や周囲）が影響を受けているのか、病気に関連して何が失われているのかなど、多面的に一人の人を理解し、適切に声かけをし、必要な癒やしを与えてくださるのです。

ルカの福音書24章13～32節　エマオの途上の弟子たち

新約聖書の中でイエスさまのグリーフケアのモデルを一つ挙げるとすれば、それは「エマオの途上の弟子たちへのグリーフケア」です。この物語を味わえば味わうほど、グリーフケアをしたいと願う私たちに多くの示唆を与えてくれます。

イエスさまが復活された日、二人の弟子がエマオという村に向かっていました。イエスさまが十字架にかかったこと、女たちが墓に行き主イエスのからだが見当たらなかったことなど「これらの出来事すべてについて話し合っていた」（ルカ24・14）と書かれています。彼らにしてみれば、十字架の上で愛するイエスさまが亡くなられたことだけでも衝撃的な出来事だったと思います。その上、「墓に主イエスのからだがない」という出来事をどのように整理すればよいのか分からなかったことでしょう。大きな混乱の中に置かれていたと思います。

事故などで家族が亡くなる場合、カウンセリングの中で遺族は突然に訪れた別れに戸惑い、混乱し、繰り返し同じことを話すことがあります。時系列もよく分からない中で、「すみません、何を言っているのかよく分からなくて」とか「記憶がなくて」と言われることも少なくありません。混乱の中でなんとか言葉にしようとされている方々に向き合いつつ、「無理しなくていいですよ。話さなくてもいいですよ」と言いたくなることもあります。でも「言葉にしたい、話したい」と思われる方の言葉は受けとめていきたいとも思うのです。人は、突然愛する人を亡くす時、目の前で起きた出来事を受け入れることが難しく、さまざまな感情が湧き起こるために、混乱してしまうのだと思います。

エマオの途上の弟子たちも混乱の中、「話し合ったり論じ合ったりしているところに、イエスご自身が近づいて来て、彼らとともに歩き始められた」（同24・15）と書かれています。イエスさまのほうから「近づいて」来られたこと、そして「共に歩かれたこと」は、グリーフケアのキーワードであると思います。

グリーフケアをする時には、自分から相手に近づくべきなのか、近づかないほうが良いのかと迷うことがあります。愛する人を亡くし、痛みの中にある人に、自信をもって近づくことができる人はほとんどいないと思います。「どのような言葉をかけたらいいのか、そっとしておいたほうがいいのではないか、不用意に言葉を発して傷つけてしまうのではないか……。」そんな心配が心の中に湧き上がります。震災直後の被災地で、倒壊した家の前に呆然と立っている人たちに声をかけるのは簡単なことではありません。声をかけても、「あなたに私の気持ちの何が分かるのですか」との言葉が返ってくるかもしれません。エマオ途上の弟子たちにイエスさまご自身のほうから近づかれたということを、私はとても大切なイメージとして受け止めています。グリーフの中にある人がいれば、「どのような言葉をかけたらいいですか」と主に祈りつつ、近づき、そして共に歩きたいと思います。

さて、聖書に戻りましょう。弟子たちの目は「さえぎられて」いたので、イエスであることが分からなかったと書かれています（同24・16）。「さえぎる」という言葉の原語の意味は、「支配する」「捕らえる」です。彼らの目は、「メシアはイスラエルを解放する方」であるというユダヤ人の世界観に支配されていました。そこには、メシアが十字架の上で死んでよみがえるという考えは含まれていなかったのです。イエスさまは、「語り合っているその話は何のことですか」（同24・17）と問われ、彼らのストーリーに耳を傾けられました。二人は次のように答えました。「ナザレ人イエス様のことです。この方は、神と民全体の前で、行いにもことばにも力のある預言者でした。それなのに、私たちの祭司長たちや議員たちは、この方を死刑にするために引き渡して、十字架につけてしまいました。私たちは、この方こそイスラエルを解放する方だ、と望みをかけていました。実際、それればかりではありません。そのことがあってから三日目になりますが、仲間の女たちの何人かが、私たちを驚かせました。彼女たちは朝早く墓に行きましたが、イエス様のからだが見当たらず、戻って来ました。そして、自分たちは御使いたちの幻を見た、彼らはイエス様が生きておられると告げた、と言うのです。それで、仲間の何人かが墓に行ってみたのですが、まさしく彼女たちの言ったとおりで、あの方は見当たりませんでした」（同24・19～24）。

彼らが語っているのは、過去―現在―未来が分断されている混乱と困惑のストーリーです。彼らはイエスさまが預言者であり、イスラエルを解放するメシアであると信じて従っていました。イエスさまは、イスラエルをローマ帝国から解放してくださると期待していました。イエスさまは彼らの希望でした。ところが、十字架にかけられ、亡くなってしまったのです。しかし、息を引き取り葬られてから三日目になって、仲間の女性の弟子たちが、イエスさまが死人の中から復活されたというニュースを運んできました。二人の弟子たちは、今、目の前で起こっている出来事・現実を受けとめきれず、理解できずに混乱していました。その根底には、イエスさまを失ったゆえの悲しみもあったことでしょう。「イエスさまは力ある預言者である」と信じていましたから、これまでは分からないことがあればイエスさまに頼ることができました。けれども、「イエスさまはもういない」と思っていたのです。孤独感や無力感の中に置かれていたかもしれません。さらには、イエスさまこそイスラエルを解放する方だと望みをかけていたのに、十字架上で亡くなってしまったので、その望みを失ってしまったのです。これから何に希望をおいて生きていけばよいのだろうかと、将来を思い描くことができなかったと思います。こうして二人はエルサレムを離れてエマオへと向かっていたのです。これが現在のストーリーです。このように、二人のストーリーの過去―現在―未来のつながりが分断されてしまい、彼らが混乱と困惑の中にあったことがよく分かります。

自分たちの経験したストーリーをありのままイエスさまに話すことができたのは、二人の弟子たちにとって助けになったことでしょう。グリーフプロセスの中では、ストーリーを再構築していくことによって回復／再生に向かうと言われているからです。弟子たちにとってのストーリーの再構築は、まず自分のストーリーを話すことから始まりました。また、彼らが話すことができたのは、イエスさまが「どんなことですか」と問いかけてくださり、イエスさまが彼らの話に口を挟むことなく耳を傾けてくださったからではないでしょうか。

なぜ話を聴くということが大切なのでしょうか。同じ出来事を体験しても、その体験の仕方やその体験についての理解は一人ひとり異なるからです。イエスさまの十字架と復活という出来事をたくさんの人が経験しました。けれども、その出来事の捉え方や意味づけはさまざまであったはずです。それぞれがどのように出来事を捉えているのかを把握することなく何かアドバイスをすれば、それは不適切なものとなってしまうかもしれません。相手の話を聴くということは簡単に聞こえるかもしれませんが、実はとても難しいことであると思います。なぜなら、相手の立場に立って、相手がどのように体験しているのだろうかと、想像力を働かせながら聴くことなしに、相手の話を聴くことはできないからです。イエスさまは、黙って、まず弟子たちのストーリーに耳を傾けているのです。そうすることで、二人の弟子がご自分の十字架と復活について、また自分たちが今、置かれている現状についてどのように捉えているのかを、イエスさまは理解しようとしたのです。

また混乱している人でも、自分の思いや考えを表す言葉を探しながら話していくことで、少しずつ整理されてきます。時系列に混乱が見られたとしても、「あっ、これは前の出来事だった、後の出来事だった」というように、言葉にすることで整理されていきます。二人の弟子たちは、イエスさまに話を聴いてもらうことで、少しずつ思考が整理されていったのかもしれません。

二人のストーリーに耳を傾けた後で、イエスさまは彼らの心の鈍さを嘆きつつも、聖書を説き明かし、彼らの理解を助けてくださいました。「それからイエスは、モーセやすべての預言者たちから始めて、ご自分について聖書全体に書いてあることを彼らに説き明かされた」（同24・27）とあります。彼らが体験している出来事が、神さまのご計画の中ではどのような位置づけにあるのか、どのような意味があるのかを、聖書の中から説き明かされたのです。人の魂を生かすのはみことばです。彼らは後になって、「道々お話しくださる間、私たちに聖書を説き明かしてくださる間、私たちの心は内で燃えていたではないか」（同24・32）とその時を振り返っています。イエスさまに話を聴いていただき、思考が整理されはじめることで、今度は彼らがイエスさまの話に耳を傾けることができたのかもしれません。こちらが伝えたいと思うことがあるならば、まず相手の声に耳を傾けるということが求められるでしょう。順序が大切です。まず、相手の話を聴きましょう。

ある傾聴セミナーでのことです。一人の牧師が次のように話していました。「私は人の話を聴くのが苦手なの。話を聴きながら、頭の中で、どのみことばを開いて励まそうかって考えてしまっている。そうしていると、相手の話を半分しか聴いていないのよね」と。このような話を牧師から聞くのは初めてではありませんでした。相手の話を聴くことよりも、みことばを伝えたい、導きたい、励ましたいとの思いが先行してしまうことがあるようです。イエスさまが、相手の声に耳を傾けた後で、みことばの説き明かしをされたことを覚えておきたいと思います。

二人の弟子たちはイエスさまに話を聴いていただき、聖書を説き明かしていただきました。それでも、まだ彼らの目は開かれていませんでした。二人の目が開かれたのは、イエスさまと共に食卓に着き、イエスさまから裂かれたパンを渡された時のことです。「彼らの目が開かれ、イエスだと分かった」（同24・31）。この時、弟子たちに何が起こったのでしょうか。聖書に書かれていないのでよく分かりません。もしかしたら最後の晩餐(ばんさん)でイエスさまがパンを裂かれた時のことを思い出したのかもしれません。いずれにせよ、この時、遮られていた彼らの目が開かれ、イエスさまだと分かったのです。

N・T・ライトによると「彼らの目が開かれ」（同24・31）と七十人訳聖書の「ふたりの目は開かれ」（創世3・7）というギリシア語が似ているそうです。[4]「ふたりの目は開かれ」は、アダムとエバが善悪を知る知識の実を食べ、目が開かれ、自分たちが裸であることを知った時の言葉です。福音書を執筆したルカが、ここで七十人訳聖書を参照していたかどうかは分かりませんが、ライトの説明は興味深いと思います。創世記3章で、人類に罪が入り、罪に対して目が開かれてしまった（神さまに対して目が閉ざされた）ことで園から追い出されてしまった人間は、イエスさまの十字架と復活により、罪を赦していただき、神さまの子どもとされ、神の民に数えてもらえるようになりました。こうして、父なる神さまとの新しい関係が再構築されたのです。イエスさまと食卓に着き、イエスさまから裂かれたパンを渡された時に、罪によって遮られていた弟子たちの目は開かれ、彼らは「イエスだと分かった」（ルカ24・31）のです。これは、創世記3章とは対照的であり、とても象徴的な出来事のようにも思えます。

イエスさまによって目が開かれる前、彼らのストーリーは分断された喪失のストーリーでした。でも、復活されたイエスさまが彼らに近づき、「どんなことですか」（同24・19）と聞いてくださったので、彼らはそのストーリーを語りました。そしてイエスさまによって聖書を説き明かしてもらい、食卓に着き、裂かれたパンを渡された時に、彼らの目が開かれました。この時、彼らは神さまの壮大な救いのストーリー（ご計画）の中に自分が体験したストーリーを位置づけることができました。それにより彼らの心は内に燃え、立ち上がり、エルサレムへと戻って行きました。

キリストの愛に基づくグリーフケアは、喪失の出来事を通して神さまに出会い、神さまとの関係が深められ、私たちの心が本来の神のかたちへと変えられていくものです。「喪失の出来事を通して神さまと出会う」というのは、私たちが体験している一つひとつの出来事を、神さまのストーリーの中に位置づけ、再構築していくことを意味します。

まとめ

グリーフケアの視点から福音書を読んでいく時、イエスさまが一人ひとりのことを理解し、一人ひとりに適切なケアや導きを与え、立ち上がることができるようにしておられることがよく分かります。イエスさまのような洞察力があればと思いますし、イエスさまのようなグリーフケアをしたいと願っても、実践するのは難しいと感じています。それは「神のかたち」が大きくゆがんでしまっている人間の限界であるのかもしれません。たとえそうであっても、やはりイエスさまを目標にしたいのです。聖霊に導かれながら自分自身が造り変えられていくことを通して、イエスさまのように一人ひとりを愛し、一人ひとりを生かすようなグリーフケアをすることができるように変えられていきたいと思います。そのためにも、まず私自身がイエスさまに触れていただき、イエスさまからグリーフケアをしていただく必要があるでしょう。自分自身が神のかたちへと変えられ、神のかたちを映し出すものとなっていくならば、少しでもイエスさまのようなグリーフケアをすることができる者へと変えていただけるのではないかと思うのです。

コラム 「イエスさまのように」

学校の相談室には時々大騒ぎしている子どもが連れて来られます。ある日大泣きをし、暴れまわる子どもが、先生に抱きかかえられながら相談室にやって来ました。私はしばらくの間は暴れる子を抑えつつ、落ち着くのを待たなくてはなりませんでした。「学校ぶっ壊してやる！　学校なんか大嫌いだ！」　彼は大声で叫び、怒っていました。どうやら予定が急に変更になり、楽しみにしていた授業がなくなってしまったことが許せなかったようです。

実は、彼のお母さんとは定期的にお会いしていました。いつも涙をためながら「どうしたらいいのでしょうか」と、その子のことを心配しているお母さんです。彼が少し落ち着いた時に、「お母さん、ぼくのことを心配していたよ。学校がどうしたら好きになれるかなって言っていたよ」と伝えてみました。「嘘だ。お母さんは、ぼくのことなんて全然心配していない！」と彼は泣き叫びます。私が「余計なこと言ったかな」と思っていると、しばらくして、彼が「ねぇ、学校を好きになれるかな？　ぼくは悪い子だよね」と悲しそうな顔で言うのです。私は言いました。「悪い子じゃないよ。学校を好きになりたいんだね。一緒にどうしたら好きになれるか考えようね」と伝えました。放課後、教室に行くと彼が作った人の形の粘土細工がありました。よく見ると心臓のところに矢が突き刺してありました。私は、彼の悲しそうな表情を思い出して、とてもつらくなりました。「学校が好きになれない、そんな自分は悪い子なんだ……。」彼はどんなに良い子でありたいと思っても、突然の日程の変化には心がついていかないのです。だから騒いでしまう、そして自分は悪い子なのだと思うのでしょう。彼の気持ちを想像すると、心が痛みました。

私はその日も帰宅しながら、「イエスさまだったら、あの子にどのような声をかけてあげるのかな。あの子のお母さんにはどのようなケアをされるのかな」と思いました。カウンセラーとしての限界を感じつつ、無力感に落ち込みながら帰宅することは珍しくありません。このような時、いつも思い起こすみことばがあります。ペテロの手紙第一２章21節から25節です。

このためにこそ、あなたがたは召されました。
キリストも、あなたがたのために苦しみを受け、
その足跡に従うようにと、
あなたがたに模範を残された。
キリストは罪を犯したことがなく、
その口には欺きもなかった。
ののしられても、ののしり返さず、
苦しめられても、脅すことをせず、
正しくさばかれる方にお任せになった。
キリストは自ら十字架の上で

私たちの罪をその身に負われた。
それは、私たちが罪を離れ、
義のために生きるため。
その打ち傷のゆえに、あなたがたは癒やされた。
あなたがたは羊のようにさまよっていた。
しかし今や、自分のたましいの牧者であり
監督者である方のもとに帰った。

このみことばを何度も読みながら思うのです。十字架の上で私の罪を負ってくださったこと、私が義のために生きるために、イエスさまの打ち傷によって癒やされたこと、そして、イエスさまは私のためだけではなく、あの人のためにも、この人のためにも、十字架の上で罪を負ってくださったこと、イエスさまの打ち傷によって彼らも癒やされたということです。自分自身に限界があるのは分かっていますが、やはりキリストの足跡に従いたい、模範に倣いたいと思います。そうすることでイエスさまによる癒やしが人々に与えられる、そう信じて前に進みます。苦しんでいる人、悩んでいる人を前にして、何もすることができない自らであることを認めます。そして、それは時にとてもつらい経験でもあります。でも、「しかし今や、自分のたましいの牧者であり監督者である方のもとに帰った」とのみことばは、私のたましいに安らぎを与えてくれるものです。神さまによって導かれた人たちのためにできる限りのことをしますが、自分自身も、その人も、たましいの牧者であり、監督者である神さまに委ねることができるからです。

タリタ・クムタイム

A　自分自身のことを振り返りましょう。

・福音書の中でイエスさまが人々にグリーフケアをされている箇所を読み、思い巡らしましょう。例えば、イエスさまは復活された後、弟子たちのところに行き、それぞれに必要な語りかけをされています。本書では取り上げませんでしたが、トマス、ペテロ、マリア、そして戸に鍵をかけて集まっていた弟子たちに、イエスさまはどのようなケアをされているでしょうか？　それによって弟子たちの心の中にどのような変化が生じたでしょうか？

B

あなたがグリーフケアをしている人たちのことを思い浮かべましょう。

・イエスさまによるグリーフケアの方法をまとめてみましょう。そこからどのようなことを学ぶことができますか？

・イエスさまによるグリーフケアの方法から学んだことを、あなたはどのように実践していきますか？

第3章　聖霊なる神によるグリーフケア

カウンセリングを行う前に私は必ず「聖霊が導いてくださいますように」と祈ります。「クリスチャンでない方のカウンセリングの時にはどうしているのですか」と聞かれることがよくあります。私は公立学校のスクールカウンセラーですから、相談に来られる方と共に祈ることも、「神さま」という言葉を口にすることもできません。けれども、聖霊により頼むことなしにカウンセリングを行うこともできません。それは、自分自身の足りなさや限界を教えられてきたからだと思います。

カウンセリングに来られる方々は、カウンセラーに会いに来るまで考え、悩み、さまざまな取り組みをした上で、それでも上手くいかないので相談してみようと思って来る場合があります。誰かに相談するのを躊躇しながらも、思い切って来られる方もいます。カウンセラーはそのような思いを受けとめる必要があります。ですから、私は相談者が来室する前に一人必ず次のように祈ります。「相談者の立場に立って聴き、共感することができますように。必要ならば適切なアドバイスをすることができますように。カウンセリングに来た後で、相談者がほんの少しでも希望を見いだすことができますように。」そして、相談者の話に耳を傾けつつ、聖霊に祈りながらカウンセリングを行います。相談者が神さまを信じていなくても、カウンセラーである私が神さまを信じ、聖霊により頼んでいるならば、聖霊は私を通して相談者に必要な助けを与えてくださると信じています。私自身は「恵みの管」でありたいと思うのです。

死別を経験された方のグリーフケアをしている時は、特に聖霊の助けを仰いでいます。愛する人を亡くして悲しんでいる方を慰める力は私にはありません。子どもが自死をされ「うちの子は天国に行ったのですか。神さまは愛なる方ですよね。愛なる方なら天国に入れてくださっているはずですよね」と、悲しみを怒りで表現されてきた方の思いを受けとめ、一緒に考えることはできても、納得のいく答えを提供することはできません。グリーフケアをしながら思うのは、愛する人を喪(うしな)った人の心を慰めることができるのは、聖霊なる神さまだけだということです。ですから、聖霊なる神さまに祈りつつカウンセリングを行います。

一人ひとりに働く聖霊

そしてわたしが父にお願いすると、父はもう一人の助け主をお与えくださり、その助け

主がいつまでも、あなたがたとともにいるようにしてくださいます。（ヨハネ14・16）

この箇所でイエスさまは、助け主である聖霊が弟子たちに与えられることを約束しています。その中では、聖霊を表す言葉としてギリシア語「パラクレートス」が用いられています。日本語で「助け主、弁護者」などと訳されています。「パラ」は「傍らに」で、「クレートス」は「呼ばれた者」です。聖霊は神さまから遣わされ、私たちの傍らにいてくださいます。私たちと共におられ、祈り求める時に助けてくださる聖霊は、慰め主でもあります。

新約聖書には「パラクレートス」と似ている言葉として「パラクレーシス」があります。この言葉は「慰め、励まし」と訳されています。「パラクレートス」と「パラクレーシス」は関連性が強い言葉のようです。助け主である聖霊は、私たちに慰めと励ましを与えてくださいます。

コリント人への手紙第二1章を見ましょう。パウロは、この箇所で、「苦しみ」と「慰め」を繰り返しています。

私たちの主イエス・キリストの父である神、あわれみ深い父、あらゆる慰めに満ちた神がほめたたえられますように。神は、どのような苦しみのときにも、私たちを慰めてくださいます。それで私たちも、自分たちが神から受ける慰めによって、あらゆる苦しみの中にある人たちを慰めることができます。（Ⅱコリント1・3～4）

パウロが意味する「苦しみ」は、「アジアで起こった私たちの苦難」(同1・8)、つまり、イエスさまのことを宣べ伝えていたパウロに対する迫害のことを直接的には意味したようです。また同時に「神は、どのような苦しみのときにも、私たちを慰めてくださいます」(同1・4)とありますから、私たちが人生において遭遇するあらゆる苦しみが含まれると捉えてよいと思います。どのような苦しみの中を通っていても、私たちには慰め主である聖霊が共にいてくださいます。人が苦しみの中を通っている時、私たちはその人の苦しみを理解したい、慰めたい、励ましたいと思います。でも、実際には人の限界があり、誰かに代わって苦しむこともできませんし、その苦しみを取り除くこともできません。

被災地での支援をしていた時のことです。前日まで楽しく過ごしていた家が一夜にして流され、家族を亡くした方のお話を聴かせていただいたことがあります。「自分は助けることができなかった、何もすることができなかった、苦しそうに息をひきとっていくのを見ているしかなかった。自分が代わりに死にたかった」と涙ながらに話し、自分が生きていることに罪悪感(サバイバーズギルト)を感じていました。この方が亡くなった家族の代わりになることができなかった、苦しみを取り除いてあげることができなかったように、私もこの方の悲しみや罪悪感を取り除くことはできませんでした。人が人を慰めるには限界があります。

聖書のみことばに戻ります。パウロは「神は、どのような苦しみのときにも、私たちを慰めてくださいます。それで私たちも、自分たちが神から受ける慰めによって、あらゆる苦しみの中にある人たちを慰めることができます」（同1・4）と言います。私たちは苦しみに遭いますが、神さまから慰めを受け、その慰めによって、あらゆる苦しみの中にある人たちを慰めることができると教えています。なぜそのようなことができるのでしょうか。その理由として続く5節に「私たちにキリストの苦難があふれているように、キリストによって私たちの慰めもあふれているからです」とあります。ここで「キリストの苦難」という表現に注目したいと思います。私たちがイエスさまのことを伝えようとする時、家族や友人から反対されるかもしれません。苦しんでいる人、痛みの中にある人たちに、イエスさまの愛をもって、手を差し伸べようとする時、その手を振り払われ、「あなたには私の気持ちなんて分からない」と言われるかもしれません。痛んでいる人のために心を砕こうとする時、私たちも共に痛むことになります。その時にこそ、私たちはイエスさまが私たちの罪を贖ってくださるために負われた「キリストの苦難」の意味を体験していると思うのです。

アメリカの神学校で学んでいた時のことです。エクアドル宣教旅行でダウン症の子どもたちのキャンプに一週間参加しました。もう二十年以上前のことです。私は一人の男の子ウォルターくんを担当しました。彼は五歳で、とてもかわいらしい男の子でしたが、初めて家族のもとを離れてのキャンプでした。さらに、これまでに見たことのない日本人がずっと側にいるということで、ずいぶんと混乱していました。彼に着替えをさせようとすると、抵抗し暴れました。私が近づくと逃げ回ります。他の子どもたちは部屋で工作をしたり、聖書の話を聴いたりしているのに、私は一日中彼をキャンプ場の中で追いかけまわしていました。彼が寝たあと、私は情けなくなり、「なんでこんなところに来てしまったんだろう」と落ち込みました。次の日も追いかけっこです。途中で疲れてしまい「もう放っておこう」と何度も思いましたが、キャンプ場には大きな池があります。一人で走り回っているうちに、池に落ちてしまう危険もありました。「この子はなんにも分かってないんだろうな。危ないなんて思わないんだろうな」と思いながら彼の手を取りに行った時に、彼の姿とかつての私の姿が重なりました。私も「神さまがいなくても大丈夫だ」と思っていたので、神さまと共に歩いていなかった時期がありました。でも、神さまはそのような私を見捨てず、救いへと導いてくださったことを思い出し、神さまへの感謝が溢れたのです。その時、私はどこまでもウォルターくんを追いかけようと覚悟を決めました。

キャンプの後半になると、彼は私を「ママ」と呼ぶようになりました。そして、どこに行くにも私のそばを離れることがありませんでした。私が少し離れると駆け寄ってきてベッタリとくっついてきました。いよいよお別れの日、私は彼を抱きしめた後、からだにまとわりついてくる彼を引き離し、急いで車に乗りました。泣きながら「ママ、ママ」と走り出す車の後を追いかけてくる彼の姿を見ながら涙があふれたことを思い起こします。これは、私の罪のために負われた「キリストの苦難」の意味と、惜しみなく注いでくださる神さまの愛を改めて教えられた経験でした。

聖霊は、私たちに真理を教えてくださる方です。私たちの内に住まわれる聖霊により頼みつつ、キリストの愛を伝えようとする時、私たちはイエスさまの十字架の意味、イエスさまの愛、神さまが私たちに伝えようとされている真理を深く知ることができるようになるのだと思います。そして、真理を知ることを通して、主が導かれる他の方々のために、私たちは一歩を踏み出すことができるのです。なぜなら、聖霊は、私たちに真理を教えるだけではなく、私たちを力づけてくださる方でもあるからです。「しかし、その方、すなわち真理の御霊が来ると、あなたがたをすべての真理に導いてくださいます」（ヨハネ16・13）。

コリント人への手紙第二1章6節には「私たちが苦しみにあうとすれば、それはあなたがたの慰めと救いのためです。私たちが慰めを受けるとすれば、それもあなたがたの慰めのためです。その慰めは、私たちが受けているのと同じ苦難に耐え抜く力を、あなたがたに与えてくれます」とあります。愛する人を亡くした方々のグリーフケアをすることは簡単なことではありません。傷ついている方々に近づき、共に歩き続けることは、その方と共に痛み、共に悲しみ、共に苦しむことでもあります。あまりに苦しくて途中で逃げ出したくなることもあるかもしれません。でも、もし途中で私たちが逃げ出してしまえば、今度は私たちが別の痛みをその人に与えてしまうことになるでしょう。聖書は、約束しています。「神は、どのような苦しみのときにも、私たちを慰めてくださいます。それで私たちも、自分たちが神から受ける慰めによって、あらゆる苦しみの中にある人たちを慰めることができます。私たちにキリストの苦難があふれているように、キリストによって私たちの慰めもあふれているからです」（Ⅱコリント1・4〜5）。慰め主である聖霊により頼む時、私たちは人に慰めを与えることができる者へと変えられ、主にある慰めを人々に伝えることができるのではないでしょうか。

聖霊に導かれるコミュニティ

傾聴セミナーやグリーフケアセミナーを継続して行うと、必ずそのグループの中の関係性に変化が生じてきます。意識して変化を生じさせようとしているわけではありません。それは参加者も同じでしょう。でも、人の話に耳を傾けよう、人の心のグリーフに共感しようと意識して取り組むことで、聖霊が一人ひとりの心を変えるだけではなく、コミュニティの中にも働いてくださることによって変化が生まれるのだと思います。

私は、ある教会で毎月一回グリーフケアセミナーをしています。かれこれ三年になるかと思いますが、十数名のメンバーが毎回集まり、傾聴やグリーフケアについて学び、心を開いて分かち合いをしています。そこに時々新しい参加者が加わります。メンバーが心を開いて話し、また、お互いの話にしっかり耳を傾け合うので、初めての方も自然と心を開いて自分のことを話すことができます。最初は緊張気味であっても、「こんなに話せると思わなかった、スッキリした」と少し表情が明るくなり帰宅される様子を見ていると、聖霊がコミュニティに働いてくださった御業のゆえに神さまを賛美します。

一対一のグリーフケアも大切ですが、グリーフケアを提供できるコミュニティであること、またそのようなコミュニティに成長していくこともとても大切です。教会にふと足を運んでくださる方々の中には、さまざまなグリーフを抱えておられる方が多くおられます。教会は求道者のグリーフに耳を傾け、共感するコミュニティでありたいと思うのです。

ピリピ教会に対するパウロの語りの中に、あるべき教会の姿が描かれています。

ですから、キリストにあって励ましがあり、愛の慰めがあり、御霊の交わりがあり、愛情とあわれみがあるなら、あなたがたは同じ思いとなり、同じ愛の心を持ち、心を合わせ、思いを一つにして、私の喜びを満たしてください。（ピリピ２・１〜２）

あるべき教会の姿とは、「キリストにある励まし（パラクレーシス）」、「愛の慰め」、「御霊の交わり（コイノニア）」、そして「愛情とあわれみ」のある教会です。「コイノニア」は、キリストの贖いの恵みを受けているクリスチャンの、聖霊を中心にした交わりのことです。ペンテコステにおいて、聖霊が下り、教会が生み出されました（使徒2章）。教会というのは、聖霊によって生み出され、聖霊によって導かれるコミュニティです。ですから、聖霊が働くコミュニティにおいては、聖霊による励まし、慰め、愛情、憐れみがあります。

ある教会に子どもを病気で亡くされた方がいました。「誰にも会いたくない、誰とも話したくない、慰められたくもない。悲しみを忘れてしまうならば、子どものことを忘れてしまうことになるから、ずっと悲しみの中にいたい」と話しておられました。その方はクリスチャンで礼拝には行きますが、誰とも話しません。同じ教会の方から「何か声をかけたいけれど、声をかけられるような雰囲気でもありません。でも何もしないのもどうかと思うのですが、どうしたらよいでしょうか」と相談を受けました。私は、「そっとしておいてあげたらいかがですか」とお答えしました。「何も声をかけることができなくても、その方のことを気にかけ、愛し、なにかできないかと思いつつ祈ってくださる方がおられる教会だからこそ、その方は礼拝に行き続けているのだと思います。神さまが機会を与えてくださったら、お話を聴いてさしあげたらいかがでしょうか」とも付け加えました。そっと居場所を提供するコミュニティもまた、グリーフケアをするコミュニティであると思います。

ただ残念なことではありますが、慰めを求めて教会に行ったのに傷ついてしまったという方も少なくありません。その理由の一つは「何も分かっていないのに決めつけられた」というものです。教会としては決めつけたつもりはないと思うのですが、十分に話を聴くことなしに、励まそうと思って「お辛いでしょう、悲しいでしょう」と発する言葉さえも、相手にとっては「気持ちを決めつけられた」という思いにつながってしまうことがあります。人の話を聴くことができなければ、グリーフケアをすることは難しいと思います。グリーフケアは「聴くこと」から始まります。10章で詳しく説明しますが、「聴く」という行為は非常に奥深く、こちらが「聴いているつもり」でも、相手は「聴いてもらえた」と思えないこともあります。相手が「聴いてもらえた」と思えるような聴き方ができるように工夫する必要があります。そうでないと、せっかく話を聴いていても、「この人は私の話を聴いてくれない。私のことを大切には思ってくれない」と感じさせてしまうかもしれません。それでは、励まし、慰め、愛情、憐れみのあるコイノニアとは言えないでしょう。

イエスさまの愛を伝えたい、グリーフケアをしたいと願うならば、まず私たちが人々の声に耳を傾けることが必要です。相手のために祈りつつ、丁寧に耳を傾ける時、そこに聖霊が働いてくださり、その人のために必要な助けを与えてくださると信じています。

学校の相談室で不登校の子どもたちと長い時間を費やしていると、「教室に行こうよ」「少しでも勉強しようよ」と言いたくなります。でも私が伝えたいほんの短い言葉を聴いてもらうためには、まず私のほうが、彼らの声に、彼らのストーリーに、長い時間をかけて耳を傾けなくてはなりません。ある子どもと相談室で一年間毎週会いましたが、私からは一言も「教室」や「勉強」というワードを出しませんでした。少しでもその言葉を出せば、相談室にすら来なくなることが分かっていたからです。私はひたすら彼の趣味の話を聴き続けました。相談室は、彼にとって「ありのままを受け入れられる」空間となったようです。年度の終わりに、彼が言ったのです。「おれ、来年は教室に行くことにする。」私は「そっか、分かった。でも、教室に行きたくないと思ったら、また待っているね」と答えました。私は祈りつつ話を聴き、彼を受けとめ続けただけでした。聖霊が彼の心に励ましを与えてくださったので、彼は自分で歩む道を選択して立ち上がっていくことができたと思います。

祈りつつ、お互いの声に耳を傾け合いましょう。グリーフを抱えている人がいれば、まずはその方のストーリーを聴きましょう。そうすることで、グリーフケアをすることのできる聖霊を中心にしたコイノニアが形成されていくことでしょう。

タリタ・クムタイム

A　自分自身のことを振り返りましょう。

・聖霊によって慰めを受けた経験を思い出してみましょう。聖霊は時に人を用い、機会を用いて、あなたに慰めを与えてくださったのではないでしょうか。その時のことを思い出し、分かち合ってください。

B　あなたがグリーフケアをしている人たちのことを思い浮かべましょう。

・グリーフケアをしながら、聖霊の助けを必要とした時のことを振り返りましょう。それはどのような場面でしたか？　また、どのような助けがありましたか？

イエスさまと出会う前のこと、救われてからこれまでの歩みを振り返る時、今に至るまで、私は神さまからグリーフケアを受け続けていると思います。神さまの恵みを数えつつ、私のストーリーをつづりたいと思います。

コラム グリーフケアの歩み（私のストーリー）

救いの経験 ― グリーフケアのはじまり

私はノンクリスチャンの家庭で育ちました。イエスさまを信じる前、人を愛することができない自分について悩んでいました。もちろん、そのことが「神さまとの親密な関係を失っているから」とか、「神のかたちのゆがみによる」などと考えたことはありませんでした。友人を愛することができないために、人を傷つけてしまうことがあると悩んでいたのです。高校生の時、教会に行き、初めて牧師にそのことを話しました。その牧師は丁寧に私の声に、痛みに耳を傾けてくださいました。そして、神さまに背を向けた生活をしていることが罪であり、その罪のゆえに人を愛することが難しくなっていること、自分にも人にも痛みを与えていること、私の罪のためにイエスさまが十字架上で死んでくださったことを教えられました。正直どこまで理解できていたかは分かりません。でも、単純に自らの罪を悔い改め、イエスさまを信じる信仰に入りました。

もし私たちが自分の罪を告白するなら、神は真実で正しい方ですから、その罪を赦し、私たちをすべての不義からきよめてくださいます。（Ⅰヨハネ1・9）

その時からクリスチャンとしての歩みが始まりました。教会に行き、イエスさまの話を聴く前からグリーフを感じていたわけですが、それをどうすることもできず、ただ悩むだけの日々でした。教会で牧師に受けとめていただき、聖書を開いてイエスさまの十字架についてて教えていただき、イエスさまを信じる信仰に入った時、私が長い間もち続けていたグリーフがケアされはじめたのだと思います。

救われた後の歩み

神よ　私を探り　私の心を知ってください。
私を調べ　私の思い煩いを知ってください。
私のうちに　傷のついた道があるかないかを見て
私をとこしえの道に導いてください。（詩篇139・23〜24）

私が通っていた教会はきよめ派の教会でした。救われた後に、聖霊に自らを明け渡し、献(ささ)げることで、聖霊によってその心が満たされ、きよめられていくと教えられました。聖霊に導かれて歩むことで、神のかたちへと変えられ、聖霊の実を結ぶことができると、繰り返し聞きました。当時祈りを込めてよく歌っていた『つきひとともに』という子どもの讃美歌があります。今でも好きでよく歌います。

つきひとともに
わずかずつでも
主イエスさまに
にたものになれたら
それはわたしにとって
いちばんうれしいこと

あさばんみかおをあおいでいれば
主のすがたにちかづけるでしょうか

もっとあなたのように
主イエスさま　なりたいです（『教会学校さんびか』54）

クリスチャンとしての歩みを続けていく中で、神さまの愛を深く知るようになりましたが、同時に、自分自身の罪深さも知りました。自分が愛のない人間であること、愛する人を傷つけてしまう罪深さも思い知りました。そのような自分自身の罪と向き合いながら、私は神さまにすべてを明け渡したいと願うように変えられていきました。「神さまにすべてを献げたい」、そして、「聖霊が私の心を満たしてほしい」と願い、「神さま、私を神のかたちへと造り変えてください、人を愛することができるように変えてください」との祈りが私の日々の祈りとなりました。そして、聖霊に自らを明け渡すことで、自分自身の心が変えられていく経験をしています。聖霊によるグリーフケアの歩みは継続中です。

もし私たちが、神が光の中におられるように、光の中を歩んでいるなら、互いに交わりを持ち、御子イエスの血がすべての罪から私たちをきよめてくださいます。

（Ⅰヨハネ1・7）

グリーフケアの実践

私は高校二年生の時に牧師になるようにとの召命を受けました。

あなたは熟練した者、すなわち、真理のみことばをまっすぐに説き明かす、恥じることのない働き人として、自分を神にささげるよう、努め励みなさい。

（Ⅱテモテ2・15、新改訳第三版）

このみことばが与えられ、将来は牧師になりたいと思いました。その後、臨床心理士などの資格を取得し、現在は牧師として、心理カウンセラーとして、主に仕えています。牧師やカウンセラーというと、二つの別々の働きをしているように思われるかもしれませんが、「神さまの召しに従い、神さまに仕える」という意味においては一つの働きです。そして、牧師としても、カウンセラーとしても、神さまから受けた愛を伝えていきたいと願っています。一方で、人としての限界も痛感しています。カウンセラーとして学びを積み、スキルを身につけ、人としてできる限りの支援をしたいと思いますが、心の中では絶えず、「この方をイエスさまのもとに導いてください。魂を救ってください」と祈り続けています。教会の牧会においても、グリーフを抱えている人たちに「イエスさまの救いが与えられるように」と願います。そのためには、まず私が一人ひとりのストーリーに耳を傾けることから始めます。その上で、聖書のみことばを伝えていきます。願わくは、グリーフを抱えている人々がイエスさまを信じる信仰をもつことで、聖霊が心に慰めを与えてくださり、神さまからのグリーフケアを受け続けてほしいと思うのです。

このようにグリーフケアを実践していく中で、自分自身の弱さや足りなさに気づかされることは恵みでしかありません。そこから、「もっとイエスさまのようになりたい」という祈りが生まれるからです。グリーフケアを実践し続けることは、私にとっては神さまから与えられている召命の道を歩むことでもあります。そして、神さまの導きに従っていく時、自らが「主イエスさまのように」変えられていきたいと願っています。

タリタ・クムタイム～第１部の振り返り～

第１部を読んだ上で、もう一度振り返りの時をもちましょう。

A　自分自身のことを振り返りましょう。

・クリスチャンとしてのこれまでの歩みをグリーフケアの視点から振り返ってください。
　自分のストーリー（証し）を話してみませんか？

・自分のストーリーを話すことで何か新しい気づきがありましたか？

B　あなたがグリーフケアをしている人たちのことを思い浮かべましょう。

・グリーフケアをするために、自分自身がどのように変えられたいと思いますか？　それぞれ分かち合い、互いのために祈りましょう。

第2部
グリーフケアの基礎知識

グリーフケアは、グリーフ（喪失による悲嘆）の中にある人々をケアすることです。これまでにグリーフケアについて系統立てて学んだことがなくても、すでにグリーフケアを実践してきている人は多いと思います。グリーフケアには「正しい」方法はありません。「こうすれば大丈夫、絶対に上手くいく」というマニュアルがあればと思いますが、そのようなものは存在しません。さまざまな喪失、さまざまな反応、さまざまな表現の仕方があるわけですから、常にケースバイケースです。聖霊の助けをいただきながら、グリーフの中にある目の前の人に丁寧に向き合っていくことが求められます。グリーフケアセミナーを受講された方から、「これまでなんとなくやってきたことが頭の中で整理された」、「間違っていなかった」、「少し確信をもって実践できるようになってきた」との感想を聞くことがあります。グリーフケアについての基本的な学びは、グリーフケアを実践する時の助けになります。

誰かにグリーフケアをするためだけではなく、自分自身のグリーフをケアするためにも学びたいと思います。自分自身が大切なものを喪失していることに気づき、その経験が自分にとってどのような意味があるのか、それが現在の自分にどのように影響しているのかなどを整理していくためにグリーフケアの基礎知識を身につけるのは役立つことでしょう。

第4章　喪失

喪失とは「あるものを失い、二度と元には戻らない状態」のことです。失ったものに対する愛着が強いほど、「元に戻らない」という現実に直面させられることは痛みを伴うでしょう。

被災地支援をしていた時、被災者の声を聴きました。「無理なのは分かっているけれど、災害が起こる前に戻りたい。」災害によってさまざまなものを失う時、その現実を受け入れるのは簡単なことではありません。できることなら、災害前の日常に戻りたいと思うことでしょう。それを願ったとしても叶(かな)うことはないので、失う前の状態に戻ることをあきらめ、「元に戻ることはできない現実」を受け入れていくしかありません。それは想像以上にエネルギーを必要とする営みです。すぐには難しくても、時間をかけて徐々に現実を受け入れていくのでしょう。ですから、被災地においては災害直後の支援だけではなく、中長期にわたる継続的な支援が必要となってくるのです。災害による喪失に限らず、人は生きていく限り、さまざまなものを喪失します。そして、失ったものが元には戻らない現実を受け入れながら生きていくのです。

何を喪失するか

人生は喪失の連続です。失うものは、目に見えるもの／形のあるもの、目に見えないもの／形のないもの、気づきやすいもの／気づきにくいもの、とさまざまです。特に、目に見えないもの／形のないものの喪失は、自分でも気づきにくいのです。下記の「喪失の分類表」はすべてを網羅しているわけではありませんが、私たちが経験する喪失の一部を整理しています。「これも喪失なのか」と思うものも含まれるかもしれません。改めて「喪失対象の分類表」を見ながら、自分の人生を振り返ってみてください。これまでには意識してこなかった「喪失」に気づくかもしれません。

一方、大切なものを失っていても、それを「喪失」としては捉えたくないと思うこともあるかもしれません。例えば、「喪失」と言われればそうかもしれないが、そのことが自分の成長のきっかけになっているから「喪失」としては捉えた

物理的喪失	人物の喪失	死別、離別、友人との不和など
	所有物の喪失	大切な物の紛失や損壊、能力、地位、思い出の品、家財など
	環境の喪失	故郷、住み慣れた自宅、職場、行きつけの場所、心休まるコミュニティなど
	身体の一部の喪失	失明、失聴、脱毛、身体機能の低下など
心理社会的喪失	自己に関わる喪失	信頼、人生の目標、自己イメージ、地位、役割、安全、日常など

喪失対象の分類表

くない、「喪失」と認めたら本当に喪失したことになってしまうから認めたくないなど、さまざまな理由が考えられます。このように、喪失の観点から人生を振り返る時、自分自身の心の中に湧いてくる「思い」に丁寧に耳を傾けることで新しい気づきが生まれるかもしれません。

どのように喪失するか

喪失対象がさまざまであるように、喪失の仕方もさまざまです。同じものを喪失しても、「どのように」喪失したのかによって、喪失体験の受けとめ方や喪失後の心理的なプロセスは大きく変化します。

自分の思いに反して大切なものを奪われたり、無理に引き離されたり、相手から見捨てられたりと、喪失を強いられる場合もあります。例えば、災害で住んでいた家が崩れる、事故や事件で家族が亡くなる場合など、大切なものを一瞬にして奪われる経験です。このような想定外の出来事を現実として受け入れること自体に長い時間を要する場合があります。一方、自分が意図的に相手から離れたり、自分の過ちや行いによって大切なものを失ったりする場合など、自らが喪失を引き起こす場合には、自分の責任として受けとめやすいかもしれません。このように喪失の仕方は、喪失後の心理的なプロセスに影響します。

曖昧な喪失

「曖昧な喪失」とは、喪失しているのか、喪失していないのか、「はっきりしないまま解決することも、終結することもない喪失」(Boss 1999/2005)[5]を意味し、二つのタイプがあります。①身体的（物理的）には存在していないが、心理的には存在していると認知されることにより生じる喪失と、②身体的（物理的）には存在しているが、心理的には存在していないと認知されることにより生じる喪失です。

タイプ①　身体的（物理的）には存在していないが、心理的には存在していると認知されることにより生じる喪失

このタイプの喪失には、例えば、家族が行方不明になることが含まれます。東日本大震災で家族が津波にさらわれ、ご遺体が見つからない場合、存在が確認できず、おそらく亡くなっていると思われるけれども、心理的には亡くなっていることを受け入れられない、受け入れたくないために、「もしかしたらまだ生きているかもしれない」と心の中でその人のことを思い続けるのが「曖昧な喪失」のタイプ①です。

タイプ②　身体的（物理的）には存在しているが、心理的には存在していないと認知されることにより生じる喪失

このタイプの喪失は、その人が身体的（物理的）には存在しているのですが、心理的には存在していない状態です。例えば、認知症になり物理的には変わらずそこに存在しますが、以前のようなコミュニケーションを取ることが難しい、その人が家族のことを認知することができない場合など、家族はその人が存在していると感じられなくなる状態を指します。ポーリン・ボスは、このような喪失を「曖昧な喪失」の最たるものとし、次のように述べています。

愛する人がここにいるのと同時にいないのですから、この喪失は、特に理解が難しいものです。家に見知らぬ人がいるかのようで、以前の関係がこんなに深いレベルで変わってしまうのです。不明瞭で、終結の見通しがないままでは、不安定で、嘆くことも納得することもできません。いることといないことの辻褄が合わないため、曖昧な喪失がもたらすストレスは、他の喪失に比べても最も強いと言ってもいいほどです。私の所に相談に訪れる人々は、家族の誰かが亡くなったほうがまだ苦しみが少ないかもしれないと言います。死に曖昧さはないので、こちらの方が意味を見出しやすいのです。(6)

曖昧な喪失は、いることといないこととの辻褄が合わないことから来る心理的な葛藤をもたらします。認知症に限らず、配偶者が同じ家にいても耳にヘッドフォンをしてゲームばかりをしている、仕事が忙しくて家には寝るためだけに帰るなども「いるのと同時にいない状態」です。このように、実は日常的に「曖昧な喪失」を体験している人が少なくないのです。私たちはある程度自分自身が置かれている状況をコントロールできている時に安心感を持つものです。曖昧な喪失を経験している時には、はっきりしない、もやもやした状況の中に置かれ、対処のしようがないために、非常に不安定な心理状態に置かれてしまいます。

喪失の連鎖

一つの喪失が別の喪失を生み出したり、また一人の喪失が他者の喪失に影響を与えたりと、喪失は連鎖します。

例えば失業を例に挙げて考えてみましょう。人それぞれですが、「仕事を失う」という体験は、経済的な安心、人脈、居場所などを同時に失うことにもつながるでしょう。また、自分自身の将来にも影響を及ぼします。これからどのように生きていけばよいのか分からなくなり、将来の見通しや目標を持つことができなくなる人もいます。生きる希望を失うことにもつながるでしょう。一方、これまでの自分自身の生き方すべてが否定されたようにさえ感じるかもしれません。「自分はいったい何をしてきたのだろう」と、過去の生き方を振り返り、後悔に浸ることもあるでしょう。仕事は人のアイデンティティと深く関係しますから、失業による心理的影響は小さくありません。不満、怒り、自責の念、自身や他者への批判的な思いなど、さまざまな感情を生み出します。また、能力を否定されたような思いになり、自尊心が低下するかもしれません。家族には経済的な負担をかけるために後ろめたい気持ちにもなるかもしれません。少しのことで家族にあたってしまい、家族の中での関係性がぎくしゃくしてしまうことにつながりかねません。このような心理的な状態の中にありながらも、「早く次の仕事を探さなければ」と焦ります。また仕事を探すようにと周囲からも求められるかもしれません。ですから、喪失による痛みをケアするために時間を費やすことができません。

「失業」という一つの喪失によって、自分自身だけではなく、家族、友人などへの多岐にわたる影響があります。一つの喪失だけに目を留めていると、「どうしてこんなことでいつまでも苦しんでいるのだろう」と理解できないかもしれません。「失業したのなら次を探せばいいのではないか」と思うかもしれません。実際は、一つの喪失が別の喪失を生み出し、それらの喪失体験が複雑に絡み合い、グリーフを与えていることも考えられます。ですから、新しい仕事が見つかればそれで解決というわけにはいかないことも多いのです。

喪失体験の振り返り

私たちは喪失の体験を数えながら生きているわけではありません。また、いつまでも過去の喪失にとらわれていれば前には進めません。ですから少し生きづらさを感じることがあったとしても、なんとか前に進むことで忘れるようにしてきたのかもしれません。それでも、一度立ち止まり、改めて喪失体験を振り返ることにより、一つの喪失が想像以上に自分自身に影響を与えていることに気づくこともあります。

ある集まりでのことです。それぞれの喪失体験を振り返る時がありました。一人の男性が数十年前の高校生の時のことを振り返った上で得た「新たな気づき」について話してくれました。高校二年生の時のことです。彼は両親の仕事の関係で転校しましたが、なかなか転校先に慣れずにつらさを感じていたようです。当時はそのつらさについて深く考えなかったのですが、グリーフケアの学びを通して改めて当時のことを振り返り、「あの時につらかったのは、住み慣れた環境、友達、部活などを一度に喪失したからなのかと腑に落ち、すっきりしました」と話していました。このように過去を振り返り、新たな気づきがあったとしても、その過去が変わるわけではありません。それでも、自分自身の中で整理できていない過去の生きづらさ、しっくりこない体験に対して少しでも理解できると、その体験を自分自身の一部として受け入れ、過去の自分と現在の自分のつながりを見いだすことで気持ちに変化が生まれるのです。

私自身もグリーフケアの学びをしていた時に気づきが得られたことがあります。セミナーの中で講師の方が言われました。「結婚して当然子どもが授かるだろうと思っているのに授からないのは、実は喪失体験になりえます。」それを聞いた時は「ふ〜ん、そうなんだ」と思ったのですが、じわりじわりと心に刺さるものがありました。私たち夫婦には子どもがいません。そのことを結婚してから十年ほどは悩んでいたのだと思います。「悩んでいたのだと思います」というのは、考えても仕方のないこととして割り切っていた面がありました。おそらく、心の奥深くに押し込むことで考えずにいられたのだと思います。ですから、最初に「子どもが授からないことも喪失体験となりえます」と言われた時、他人事のように聞こえたのでしょう。でも、そのセミナーでの講師の一言が、押し込めていた「子どもが与えられない喪失感」に意識を向け始めるきっかけとなりました。「そういえば、あの時痛みを感じていた」と振り返りながら、自分自身の中に押し込めていた喪失感と向き合い、気持ちを整理することができました。

グリーフケアセミナーの受講者の中には「私には喪失経験はありません」と言う人もいま

す。「ない」と思う人はそうなのだろうと思います。反面、もしかしたら実は自分では抱えきれないような「喪失」を心の奥深くに押し込むことで見ないようにしている可能性もあります。「存在しないことにしている」のと「存在しないこと」は同じではありません。なんとなく生きづらい、上手くいかない、心が痛むような経験の背後には、「存在しないことにしてきた喪失」が隠れているかもしれません。そこに意識を向けることが過去の体験を整理するきっかけになるかもしれません。また、喪失体験を振り返ることは、自分のためだけではありません。自分自身のグリーフから目を逸らしているならば、人のグリーフを受けとめることはできませんし、人にもグリーフから目を逸らすような支援をしてしまうかもしれません。ですから、どこかで自分自身の喪失体験に向き合うことは、グリーフケアをしたいと思う人にとっては避けて通ることのできない作業であると思います。

タリタ・クムタイム

A　自分自身のことを振り返りましょう

・喪失の対象の分類表を見ながら、これまでの人生を振り返ってみましょう。あの時の／

今の生きづらさは、大切な何かを失ったために感じていた／いるかもしれません。次のような作業をしながら振り返るのもよいでしょう。

・喪失したものについての絵を描いてください。絵が描けたら、その絵にタイトルをつけてください。作業を終えたら、描いた絵を見ながら心に浮かぶ思いを分かち合ってください。

・大切なものを「喪失」しているけれど、「喪失」とは捉えたくないと思うことがありますか？　それはどうしてでしょうか？

B　**あなたがグリーフケアをしている人たちのことを思い浮かべましょう。**

・その人は何をどのように喪失しましたか？

・その喪失は、その人にとってどのような体験なのでしょうか？

第5章　グリーフ

私たちは生きていく上でさまざまなものを喪失します。同じものを喪失しても、それをどのように喪失するのか、喪失の仕方はさまざまです。前章では何を、どのように喪失するのかは喪失後のプロセスに影響を与えることを学びましたが、それぞれの喪失に対してどのように反応するのかも人それぞれです。本章では、喪失に対するグリーフ反応について学んでいきたいと思います。

グリーフとは

喪失体験にはさまざまな感情が伴います。この感情を「グリーフ」と言います。「グリーフ」は「悲嘆」と訳されることもあります。「悲嘆」は「悲しみ嘆くこと」を意味しますが、喪失体験に伴う感情は「悲しみ」だけではなく、寂しさ、怒り、いらだちなども含まれます。ですから、喪失体験に伴うさまざまな感情を表すには「グリーフ」を使うほうがより適切であると言われています。

グリーフ反応

大切なものを喪失する時、それまでとは異なる反応が見られることもあります。これを「グリーフ反応」と呼びます。グリーフ反応には、心理／情緒、認知、行動、生理／身体、社会のあらゆる反応が含まれます。まず、グリーフ反応についての基本的な理解の仕方を整理した上で、さまざまなグリーフ反応を学びます。言うまでもなく喪失は死別によるものだけではありませんが、グリーフ反応について分かりやすく整理するために、ここからは「死別」に焦点を当てていきたいと思います。

グリーフ反応の基本的理解

①同じような喪失の体験をしていても、グリーフ反応はさまざまである。

グリーフ反応の現れ方は、文化や性別によっても異なりますし、同じ家族であっても故人との関係性によって異なります。また、同じように災害を経験しても、その経験の仕方や捉え方はさまざまです。ですから、喪失に対するグリーフ反応もさまざまであって当然だと思います。

②「こうあるべき」というような「正しい」グリーフ反応はない。

「あの人は泣かないから悲しんでいない。心配です」との声を聞くことがあります。泣いているからグリーフが深いわけでもありませんし、泣いていないから悲しんでいないとも限りません。人は「悲しみ」をさまざまな形で表現します。怒りながら、あるいは笑いながら、悲しみを表現する人もいます。ですから、表面上に現れる反応だけを見て、その人の思いや状態を判断しないことが大切です。

③他の人と喪失体験を比較し、自分のグリーフ反応を調整する必要はない。

誰かの喪失体験と比較し、「自分の喪失体験はあの人と比べるとましだから、泣かないようにしよう」などと考えなくていいのです。喪失体験は誰かと比較するものではないからです。

被災地で次のような話を聴いたことがあります。「周りの崩れている家の状況を見てとても悲しくなった。けれども、自分の家は無傷だったから、私は悲しむべきではないと思って我慢していたんです。」その方は、震災から一年後に過呼吸になり、それを機にやっと自分の体験を人に話すことができました。人の喪失体験と比較し、グリーフ反応を表してはいけないと我慢し、心の奥底に押し込んでいたようです。とても苦しい一年間を過ごしていたことと思います。

郵便はがき

恐縮ですが
切手を
おはりください

164-0001

東京都中野区中野 2-1-5

いのちのことば社

出版部行

ホームページアドレス　https://www.wlpm.or.jp/

お名前	フリガナ	性別	年齢	ご職業
ご住所	〒	Tel.　（　　）		
所属（教団）教会名		牧師　伝道師　役員 神学生　ＣＳ教師　信徒　求道中 その他 該当の欄を○で囲んで下さい。		

WEBで簡単「愛読者フォーム」はこちらから！

https://www.wlpm.or.jp/pub/rd

簡単な入力で書籍へのご感想を投稿いただけます。

新刊・イベント情報を受け取れる、メールマガジンのご登録もしていただけます！

ご記入いただきました情報は、貴重なご意見として、主に今後の出版計画の参考にさせていただきます。その他、「いのちのことば社個人情報保護方針（https://www.wlpm.or.jp/about/privacy_p/）」に基づく範囲内で、各案内の発送などに利用させていただくことがあります。

いのちのことば社＊愛読者カード

本書をお買い上げいただき、ありがとうございました。
今後の出版企画の参考にさせていただきますので、
お手数ですが、ご記入の上、ご投函をお願いいたします。

書名

お買い上げの書店名

町
市　　　　　　　　　　　　書店

この本を何でお知りになりましたか。

1. 広告　いのちのことば、百万人の福音、クリスチャン新聞、成長、マナ、信徒の友、キリスト新聞、その他（　　　　　　　　）
2. 書店で見て　3. 小社ホームページを見て　4. SNS（　　　　）
5. 図書目録、パンフレットを見て　6. 人にすすめられて
7. 書評を見て（　　　　　　　　）　8. プレゼントされた
9. その他（　　　　　　　　）

この本についてのご感想。今後の小社出版物についてのご希望。

◆小社ホームページ、各種広告媒体などでご意見を匿名にて掲載させていただく場合がございます。

◆愛読者カードをお送り下さったことは（　ある　初めて　）
ご協力を感謝いたします。

④グリーフ反応は病的な反応ではない。

グリーフ反応は喪失体験に伴い経験されることですから、それまでに経験したことがないからといって「なにかおかしいのではないか」と心配する必要はありません。一方、放置しておけばよいというものでもありません。周りが気づき、適切なサポートを提供することが必要な場合もあります。ですから一般的によく見られるグリーフ反応について学んでおくことは、喪失を体験した当事者が自分自身の状態を知るためにも、またグリーフケアをする人が相手の状態を知るためにも有益です。

グリーフ反応

「死別」による喪失体験に焦点をあてつつ、グリーフ反応について学んでいきたいと思います。死別による喪失に対するグリーフ反応は、心理的／情緒的反応、認知的反応、行動的反応、生理的／身体的反応、社会的反応、スピリチュアルな反応に分類されます。

①心理的／情緒的反応

悲しみ

最もよく見られる反応の一つです。悲しみはさまざまな形で表現されます。涙を流していないからと言って悲しんでいないわけではありません。葬儀などで慌ただしい時には悲しみを感じることができず、しばらくして少し落ちついた時に強い悲しみに襲われることもあります。また、悲しみを「怒り」で表現することもあるでしょう。

怒り

グリーフ反応の一つには、怒りもあります。それは医療関係者、家族、神さま、そして周囲の人へと向けられます。犯罪や事故など加害者がいる場合には、加害者に対しても怒りの感情が生じやすくなるでしょう。どこにも向けられない怒りが自分自身や故人に向けられることもあります。また、しばしば怒りは「感情の蓋」

心理的／情緒的反応	悲しみ、怒り、罪悪感と自責感、不安、孤独感、消耗感、無力感、孤立無援感、ショック、思慕、解放感、安堵感、感情の麻痺
認知的反応	死を信じられない、混乱、故人へのとらわれ、幻覚、故人がいる感覚、記憶力・集中力の低下
行動的反応	うわの空、故人の夢を見る、故人の思い出を回避する／抱きしめる、探索行動、多動、涙を流す
生理的／身体的反応	入眠困難や早朝覚醒などの睡眠の問題、食欲の問題、エネルギーの低下、故人の症状に類似した身体愁訴、免疫機能や内分泌機能の変化、音への過敏さ、胸の締めつけ、喉のつかえ
社会的反応	人と関わらなくなる
スピリチュアル反応	生きている意味が分からない、生きがいを失う、虚無感

グリーフ反応

と言われているように、喪失体験に対して複雑に絡み合ったさまざまな感情に蓋をしてしまうこともあります。大切な人を喪失した場合、その人のために何もできなかった無力感、その人なしに生きていかなくてはいけない不安や寂しさがあります。「誰も私の気持ちを分かってくれない」「なぜ故人は私を置いて逝ったのか」と思うかもしれません。さまざまな感情が絡み合い、「怒り」で表現されることがあります。

罪悪感と自責感

生前の故人との関係性を振り返ることで罪悪感や自責感をもつことがあります。亡くなる前にしてしまったこと、もう少し早くに病気に気づいてあげれば死を防げたかもしれないなどの思いに心を痛めるかもしれません。自分自身を赦せず責め続け、災害や事故で自分だけが生き残った場合には、「どうして自分だけが助かったのか、申しわけない」「他の人を助けることができなかった」などの罪意識（サバイバーズギルト）を持つこともあります。

解放感と安堵感

長期間にわたる介護の末に亡くなった場合など、遺族が「ほっとした」「これで終わった」

などの解放感や安堵感をもつことがあります。それを悪いことのように思い、自分を責める人もいますが、解放感や安堵感をもつことは悪いことではありません。それだけ時間とエネルギーを注ぎ、責任を感じつつ故人の介護をしてきたゆえに生じる自然な感情とも言えるでしょう。

感情の麻痺

「なにもする気にならない」「なにも面白くない」と、感情が麻痺することもあります。それは、自分自身を守るための防衛反応でもあります。この場合、あまり感情を表さないために、周囲が気づきにくい反応でもあります。

ある趣味のグループの集まりでのことです。数か月前に夫を亡くされた人がふと言われました。「以前はドラマの『相棒』を観るのが楽しみだったんだけど、最近は観なくなったの。何をしても楽しくないのよ。」すると別の人が「確かに、以前の『相棒』のほうが面白かったわよね。最近はつまらなくなったわ」と、ドラマの内容についての会話が弾みました。私は、グループが終わった時にその人に近づいて「最近、『相棒』を観なくなったのですか？」と聞いてみました。すると、「以前は夫と観ていたけれど、一人で観てもなんにも面白くない、何をしても面白くない」と話してくださいました。以前は楽しめていたことが楽しめなくなってしまうことで、自分がおかしくなってしまったのではないか、生きていても楽しくないと悲観的になる人もいます。会話の中で表出されるグリーフ反応に周囲が気づくことで、グリーフケアをするきっかけになりえます。

思慕

死別後どれだけの時間が経過したとしても故人に「会いたい」「声が聴きたい」という思いは続きます。故人の部屋を片づけられない、朝起きたら隣にいるかもしれないなど、実際には起こりえないと分かっていてもこのような思いをもつことがあります。

以上、心理的/情緒的反応についていくつか取り上げてみました。感情には良い感情、悪い感情といった区別はありません。「このような気持ちになるのはおかしい」と思う必要はありません。その時に感じている自然な感情をそのまま十分に感じ、表現することができるように、周りの人が丁寧に受けとめるようにしたいと思います。

②認知的反応

悲嘆反応の中には一般的に見られる思考パターンがあります。喪失後の初期段階で共通して見られるものです。

死を信じられない

愛する人と死別する時、亡くなったことが信じられなくて呆然と立ちつくしてしまいます。当時のことを振り返り、記憶が曖昧になっていることも珍しくありません。あまりにもショックが大きいために、死を受け入れるのが難しくなるのだと思います。

故人へのとらわれ

故人のことをずっと考え続けることです。故人との生前のやりとり、故人が病気などで苦しんでいる状況などのイメージが思考の中に侵入して来るために、胸が締めつけられ、涙が止まらなくなったりします。自分でその思考をコントロールすることができないために、日常生活に支障をきたしてしまうこともあります。

故人がいるという感覚

故人がまだ現実の世界に生きているかのように思う感覚です。道を歩いていて故人を見かけたように思い、駆け寄って前から顔を見てしまう、朝起きたら隣にいるような気がするなど、亡くなって間もない時期によく見られる反応です。大切な人の死を受け入れることは簡単なことではありませんから、受け入れるのに時間がかかるのでしょう。特に、それが突然訪れる場合にはなおさらでしょう。徐々に時間をかけて、故人が亡くなった事実を受け入れていくのだと思います。

③行動的反応

グリーフ反応の中には行動面に現れてくるものがあります。喪失する前にできていたことができなくなり、気分の落ち込みにつながることもあります。

故人の思い出を回避する／故人の思い出を抱きしめる

故人を思い出す物を見るとつらくなるので、すべてを押し入れにしまう、または廃棄する場合もあれば、故人の思い出を肌身離さず持っていたいという場合もあります。相反する行動のように見えますが、それぞれの反応が故人との別れを悼み、故人のいない世界で生きようとするゆえなのでしょう。

④生理的／身体的反応

グリーフが過度の緊張感、疲労感、食欲喪失、頭痛・嘔吐など、さまざまな身体的症状として現れる場合があります。ここでは、睡眠と故人の症状に似た身体愁訴について説明します。

睡眠

多くの人が直面するのが睡眠の問題です。寝つけない（入眠困難）、途中で起きてしまう（中途覚醒）、朝方になると起きる（早朝覚醒）など、さまざまな睡眠の問題を訴える方がいます。認知的反応である「故人へのとらわれ」により、常に故人のことを考えてしまうことで眠れない、故人の夢を見て起きてしまうなど、さまざまです。また、故人が亡くなられた同時刻に目が覚めてしまうということもあるようです。

故人の症状に類似した身体愁訴

生前故人が持っていた症状に似た症状を遺族が訴える場合があります。例えば、故人が腰の痛みを持っていた場合に、遺族が腰の痛みを訴える場合があります。「同じところが痛むんですよね。ずっと（故人）のことを考えているからでしょうね」と言いつつ、腰をさすっていた方がおられました。

⑤社会的反応

喪失は長期間にわたり社会的な影響を与えることがあります。例えば、家族の中で誰かが亡くなると、家族内での役割に変化が生じます。そして故人の役割を代わりに担う時、故人の不在を意識させられ、悲しみが強くなることもあるでしょう。また、社会的な立場も変化します。例えば、夫が亡くなることで「○○さんの妻」ではなくなり、夫の関係者とのつながりが薄れ、孤独感を感じることになるかもしれません。

社会的ひきこもり

人と関わりたくない、人がいる場所にいたくないと思うことがあります。その理由はさまざまですが、例えば、涙が出てしまうから人には会いたくない、他の人のように笑うことができないし雰囲気を悪くしてしまうのが嫌だ、人と会う気力がないなどです。家族が自死をされた方の中には、自死に対する社会的な偏見を恐れるあまり、それまでの関係性をすべて断ち切った方もおられました。

⑥スピリチュアルな反応（スピリチュアルペイン）

スピリチュアルな反応は、「スピリチュアルペイン」と深く関係しています。「スピリチュアルペイン」とは、「自分の存在意義や価値への問いを持つことから生じる魂の苦悩」のことです。終末期の患者によく見られると言われていますが、遺族のカウンセリングにおいてもスピリチュアルペインを扱う場面は少なくありません。スピリチュアルペインには、「なぜ私は生きていなければならないのか」という生きる意味への問い、「なぜ私だけがこんなに苦しまなければならないのか、なぜあの人は私を置いて死んでしまったのか」との苦難に対する問い、「あの人は天国に行ったのだろうか」との死後の行方を心配する問いなどが含まれます。被災地では、「なぜ私たちだけがこんなに苦しまなければいけないのか、私たちがいったい何をしたというのか」と、自死遺族のカウンセリングでは、「故人は、天国に行っていますか」と問われることがよくあります。

スピリチュアルペインとは、そもそも「答えのない問い」を問い続けることからくる痛みです。「なぜ私だけがこんなに苦しまなくてはいけないのでしょうか」との問いに対して客観的な答えを見いだすことは難しいと思います。それが分かっていながらも、どこにも持っていきようのない魂の叫びを「問い」の形で目の前の人にぶつけているのかもしれません。

このようなスピリチュアルペインは「生きていくのがむなしい」「なんのために生きているのか分からない」という虚無感をもたらすことがあります。これが「スピリチュアルな反応」です。一方、支援者も、「あの人は天国に行ったのですか」、「どうしてこのようなことが私に起こるのですか」と問われ、魂の深い部分が痛み、揺さぶられることもあります。

グリーフ反応として心理的／情緒的反応、認知的反応、行動的反応、生理的／身体的反応、社会的反応、スピリチュアルな反応について「死別」を例に挙げて少し整理してみました。もちろん、死別による喪失でなくても、喪失を体験した後には似たような反応が見られることがあります。また、それぞれの反応は単独で表されるのではなく、複数の反応が同時に出現することが多くあります。それまでには経験したことのない反応が続くために、「おかしくなってしまったのではないか」と不安になる方は少なくありません。これらの反応が喪失後の正常な反応であることを知るだけでも少し安心できると思います。グリーフケアをする場合には、グリーフ反応をよく観察することで、どのような支援をすればよいかのヒントにもなります。例えば、集中力が低下している場合には、家事をすることで思わぬ怪我をしてしまうかもしれません。その場合、少し家事を休むことができるように手配するなどの支援ができるでしょう。

また、会話の端々に現れるグリーフ反応に気づくことで、それをきっかけにして話を聴くことができるでしょう。

記念日反応

命日、結婚記念日、クリスマスや正月など、家族や友人が集まり楽しく過ごす日、入学式、卒業式などの記念日には、故人のことを思い出すためにグリーフ反応が強く生じることがあります。その日のために儀式や活動を考え準備し、家族や友人と一緒に過ごすことも助けになるかもしれません。また、誰かにグリーフケアをする場合には、例えば、記念日に合わせてカードを送るなど、「この日を覚えています」と伝えることができるかもしれません。

予期悲嘆

死が近いことが予期される時に起こる心理状態を、喪失後に生じるグリーフとは区別し、「予期悲嘆」と言います。予期悲嘆は、通常、死を前にした人と家族との両方によって経験され、死が近づくにつれて増大していくものです。確実に弱っていく中で死を迎える恐怖と不安をもつ一方で、もしかしたら回復するのではないかという希望も含まれることがあります。本人も家族も複雑な心理状況に置かれます。突然亡くなられる場合には予期悲嘆がないために、遺族が死を受け入れることが難しくなることもあります。一方、予期悲嘆があるからといって、必ずしも死別後、遺族の悲しみが軽減されるというわけではありません。

コラム　「子どものグリーフ反応」

子どものグリーフ反応は大人と大きくは変わりませんが、少し異なる点があります。例えば、行動面では一人でトイレに行けなくなる、自分でご飯が食べられなくなる、一人で寝られなくなるなど、それまでにできていたことができなくなる「退行現象」が含まれます。被災地でお母さんたちのカウンセリングをしていた時、子どもの退行現象に悩んでおられる方が多くいました。震災前にはなんでも一人でやっていたのに、震災後には一人でトイレに行けなくなったと、小学四年生のお母さんから相談を受けたこともあります。「このままずっと同じ状態が続いたらどうしよう、何をしたらいいのでしょうか」と不安や焦りを訴えていました。子どものグリーフ反応を説明することで、少し安心されたように思います。

被災地に限らず、お父さん、お母さん、友だちと死別した後、集中力が低下したり、上の空になったりする子どももいれば、教室では平気そうに見える子どももいます。周りの大人は良かれと思い「平気そうに見えるから、そっとしておこう」と言うのですが、相談室などに呼んで話を聴いてみると「教室では平気なふりをしている。泣きそうになるから考えないようにしている」と、本当は泣きたいのを我慢している場合もあります。子どもたちのグリーフ反応をキャッチし、早期に支援をすることはその後の回復につながります。

タリタ・クムタイム

A　自分自身のことを振り返りましょう

- 大切なものを喪失した経験を振り返りましょう。その時、どのようなグリーフ反応を現していましたか？
- これまでの人生を振り返りましょう。スピリチュアルペインを感じたことがありましたか？　それはどのような経験でしたか？

B　あなたがグリーフケアをしている人たちのことを思い浮かべましょう。

・どのようなグリーフ反応を、どのように表現されていましたか？　改めて振り返ると、「あれはグリーフ反応だったのかもしれない」と気づくことがありますか？　今ならば、あなたはどのようにそのグリーフ反応を受けとめ、どのようなケアをするでしょうか？

・スピリチュアルペインから生じる問いをどのように受けとめますか？

例　被災地で家族と死別した人から「どうして私だけがこのような思いをしなければいけないのでしょうか」と聞かれたらどうしますか？

第6章　グリーフプロセス

同じ喪失体験をしても、体験の仕方やグリーフ反応は異なりますが、多くの人がたどるグリーフのプロセスがあると言われています。このようなプロセスを学ぶことは、グリーフの中にある人にとっては自己理解のための、また、グリーフケアをしている人は相手がどのような状態にあるのかを知るための助けになります。ただし、あくまでも「一般的な」プロセスですので、無理にあてはめようとすると逆効果になりかねません。それぞれの歩みを尊重することが大事です。本章では、伝統的なグリーフプロセスである段階モデル、位相モデル、課題モデル、二重過程モデルを取り上げたいと思います。

段階（stage）モデル

段階モデルは、一つのグリーフの段階を経験すると次のグリーフの段階を経験するというように、いわゆる階段状にグリーフのプロセスを通っていくことを示したモデルです。よく知られているモデルに、エリザベス・キューブラー＝ロスによる「死の受容」プロセスの五段階モデルがあります。

①否認と孤立――自分に死が迫っていることを否認する。

②怒り――「なぜ私にそんなことが」と怒りの感情をもつ。

③取引――良い行いをすれば死期が延びるのではないかと考え、取引をする。

　例「○○をしますので、あと三年間生かしてください」

④抑うつ――喪失感が強くなり、気分は落ち込み、無力感を感じる。

⑤受容――自分の置かれている現状を受け入れていく。

　このモデルは自らの死を受容していくプロセスですが、死に限らずさまざまな喪失に直面する時にも同じようなプロセスをたどることがあります。もう一つ、アルフォンス・デーケンの十二段階説もよく知られています。これは、死別後のグリーフプロセスです。

①精神的打撃と麻痺状態――死別による衝撃に一時的に感覚が麻痺する。

②否認――別れ、喪失を受け入れられない。

③パニック――死に直面した恐怖や否定したい思いからパニックになる。

④怒りと不公平感――「なぜ私にこんなことが起きるのか」と不公平感をもつ。

⑤敵意と恨み――周囲の人、故人などに対するやり場のない感情をぶつける。
⑥罪責感――「もっとこうしておけばよかった」など、自責や後悔。
⑦空想形成・幻想――故人がまだ生きているかのように思う。
⑧孤独感と抑うつ――寂しさを感じ気分が落ち込む。
⑨精神的混乱と無関心――目標や生きていく意味を見失う。
⑩あきらめ→受容――愛する人がいない現実を受け入れる。
⑪新しい希望（ユーモアと笑いの再発見）――新しい一歩を踏み出そうと希望をもつ。忘れていた微笑みが戻ってくる。
⑫立ち直りの段階――新しいアイデンティティを獲得する。

これらすべての段階を誰もが通るわけではありませんし、必ずしも順番どおりに進むわけでもありません。複数の段階を同時に経験しながら、長い年月をかけてグリーフのプロセスを歩んでいきます。段階モデルに対しては、各段階が順番どおりに進むものといった印象を与える、階段を上っていけばゴールにたどり着くような印象を与える、グリーフプロセスを単純化しすぎているとの批判があります。それでもこのモデルは、グリーフの中にある人の状態を知るためには有益であると思います。

位相（phase）モデル

上述したように、「段階」という表現は階段を一段一段上っていくという印象を与えるので、むしろ「局面（フェーズ）」という言葉を使用する位相モデルが提唱されました。それぞれの局面には緩やかなつながりがあり、それぞれの局面を行きつ戻りつしながらグリーフのプロセスを進んでいくことを表したモデルです。ロバート・A・ニーメヤーは、次の三つの局面を用いて一般的なグリーフプロセスを説明しています。(7)

回避の局面――愛する人と死別し、ショック、無感覚、パニック、混乱の中にあり、言葉も出ない状態、あるいは全面的に理解するのはつらすぎるために、現実の認識を拒否している状態。

同化の局面――最初のショックは少し吸収しつつも、「これからどうやって生きていけばいいのだろうか」と自問自答する。言いようのない悲しみ、突然泣きたくなる衝動、不眠症と食欲不振など。抑うつ状態。

適応の局面――故人の死を容認せざるをえないと受け入れていき、新しい生活に適応していこうとする状態。

愛する人の死を予知、ないしは認識した時を出発点、遺された人の一生の終わりを終着地点とし、遺族はこれらの局面を繰り返し通りながら、生涯をかけて愛する人のいない人生に適合していくことを「グリーフ・サイクル」と言います。死別から数年が経過すると、周囲から「まだ悲しんでいるの」「そろそろ立ち上がらないと」との言葉がけをされることがあります。人は一生をかけて故人のいない世界に適合していくのですから、「まだ」「そろそろ」といったようにグリーフプロセスを区切るような表現はふさわしくないことが分かると思います。

課題モデル

段階モデルや位相モデルは、遺された人がそれぞれの段階／局面を受動的に待つしかない印象を与えますが、愛する人の死に適応するために能動的に課題に取り組んでいくという課題モデルが提唱されました。ウォーデンは、遺された人が喪の過程において取り組める四つの基本課題を説明しています[8]。

課題Ⅰ　喪失の現実を受け入れること

死が現実であり、故人はもう帰ってこない、この世では再会することはできないという現実を受け入れること。

課題Ⅱ　悲嘆の痛みを消化していくこと（work through）

喪失によって生じる痛みを避けたり、抑圧したりするのではなく、その痛みを感じ取り、痛みと向き合うこと。

課題Ⅲ　故人のいない世界に適応すること

- 故人が担っていた役割を担うことで故人のいない環境に適応する（外的適応）。
- 「自己感覚」に適応する。例えば、「夫」や「妻」といった役割を失うことでアイデンティティを喪失するため、新しい自己に適応しなくてはならない（内的適応）。
- 死別によって、「想定されていた世界」が根底から覆されることがある。価値観や信念が問い直される（スピリチュアルな適応）。

課題Ⅳ　故人を思い出す方法を見いだし、残りの人生の旅路に踏み出す

故人との関係を切り離すことによってではなく、遺族の心の中の適切な場所に故人を位置づけることで、故人とのつながりを持ちながら人生を歩んでいくこと。

以上が、課題モデルです。グリーフが過ぎ去るのをただ受動的に待つしかないならば耐え難い思いになる人もいることでしょう。課題モデルでは、グリーフの歩みにおいて取り組むことのできる課題を提示しています。その課題に取り組むことで、能動的に自分自身のグリーフに向き合いながらグリーフのプロセスを歩むことができるというものです。

二重過程モデル

死別への対処の二重過程モデル

グリーフプロセスにおいては、遺族は大切な人の死に対処するだけではなく、死によってもたらされたさまざまな変化にも適応しなければいけません。**喪失志向コーピング**は「死別体験それ自体に対応し、集中し、いくつかの側面に取り組むこと（例　亡くなった人物を悼む、その人の写真を見る）」です。一方、**回復志向コーピング**は、「死別体験者が取り組み始めた課題を達成し、生活を立て直すためにさまざまなことを手配し、新しいアイデンティティを発展させること[9]」です。この二重過程モデルにおいては、喪失志向コーピングと回復志向コーピングの間の「**揺らぎ**」が鍵となります。遺族は二つの志向の間を揺らぎながら適応していきます。つまり、愛する人を亡くした後、常にその死を悼み悲しんでいるわけではなく、家事をしたり、友だちと会ったりするなど、喪失志向と回復志向の間を行ったり来たりするものなのです。そうすることで、徐々に喪失志向から回復志向へと重心が移っていくと言われています。

グリーフケアをしている時、「あの人がいなくなってとっても悲しいのに、テレビを観て笑っている時もある。私はおかしいのではないだろうか」といった相談を受けたことがあります。このような相談を受ける時には、この図を見せてグリーフプロセスについて説明することにしています。死別による喪失そのものに対処しながらも、大切な人がいない世界に適応しようとしている状態にあること、また、両方を揺らぎながら前に進んでいくことが正常であると伝えることで、安心される遺族は少なくありません。

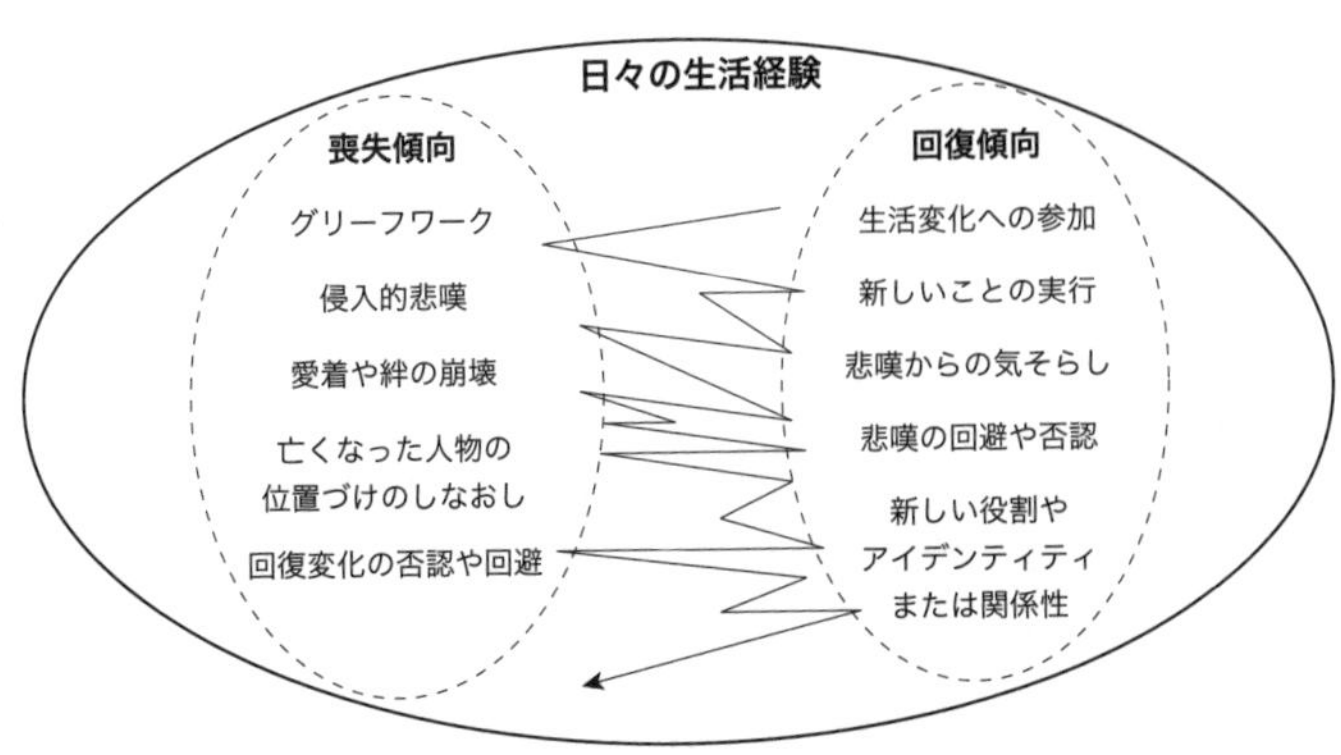

死別への対処二重過程モデル (10)

本章では、グリーフプロセスの中でも代表的な段階モデル、位相モデル、課題モデル、二重過程モデルについて説明しました。私はグリーフカウンセリングをする時に、複数のモデルを併用しながら行っています。グリーフプロセスにおいては、「自分に何が起こっているのか」、「どうしてこのようなことが自分に起こっているのか」、「これから自分はどのようになっていくのだろう」と不安になるものです。家族を自死で亡くされた方のカウンセリングを終えた後のことです。カウンセリング中はずっと嗚咽されていましたが、なんとかして立ち上がりました。手足も、からだも震わせながら、「あの人がいなくなっただけで私はこれほどつらいのに、これから先、私はどうなっていくのでしょうか」と言われました。私はその方にもう一度座るよう促し、グリーフ反応やグリーフプロセスのモデルを説明しながら、今の状態とこれから起こりうること、そしてそれらに対してできること、できないことを、図を描きながら説明し、帰宅してからも参考にするためにその図を渡しました。次のカウンセリングでも同様のことを繰り返し行いました。震えながらでも立ち上がり、歩き出そうとする遺族に対して、私たちには何ができるのでしょうか。遺族はこれまでに経験したことのないような状況に置かれ、その状況をコントロールする自信がもてず、押し寄せてくる不安の感情に恐れを抱くことでしょう。それでも、今自分自身に起こっていること、これから起こりうることについて知ることができれば、少しでも不安が和らぐのではないかと思います。

タリタ・クムタイム

A　自分自身のことを振り返りましょう。

・あなた自身のグリーフプロセスをそれぞれのモデルを参照しながら振り返る時、どのような気づきがありますか？

B　あなたがグリーフケアをしている人たちのことを思い浮かべましょう。

・それぞれのモデルを参照しながらあなたがグリーフケアをしている人のことを考える時、何か気づきがありますか？

・グリーフケアをする時にどのモデルが役に立ちそうですか？　また、どのようにそのモデルを使いますか？

第7章　ストーリーとアイデンティティ

6章では伝統的なグリーフプロセスについて説明しましたが、7章と8章ではグリーフプロセスにおいて「ストーリーを語ることの意義」と「リ・メンバリング」をナラティヴ・アプローチ*から共に学んでいきたいと思います。

グリーフプロセスにおいて、その体験について話すことは助けになります。自死遺族の方々からお話を聴いたことがあります。自死は「封印された死」とも言われ、自死で亡くなったことが友人や知人だけではなく、家族の中でさえも共有されないことがあります。なぜ亡くなったのか、どのように亡くなったのかを知らされていない人は、家族の死をどのように捉えていいのか分からずに悶々(もんもん)とした中に置かれます。また、自死で亡くなったことを知らされなくても、雰囲気で察する場合もあります。誰にもそのことが言えないために心の中に抑え込み、知らないふりをしなくてはならなかった、時間が止まったままだったと話される方は少なくありません。人には話さず、ひとりで悶々と抱え込んでいるので、思考が整理されず混沌としたままのグリーフが心の奥に封じ込まれます。十年、二十年経ち、初めて誰かに話すことができ、やっと止まっていた時間が動き出したと話される方も少なくありません。

グリーフプロセスでは、喪失によって分断されたストーリーの中に喪失の体験を取り込み、改めてストーリーをつづりますが、このプロセスにおいて、ストーリーを語ることは助けになります。本章ではグリーフプロセスにおいてストーリーを語ること、その語りによってアイデンティティを再構築することの意義を共に考えていきましょう。

＊ナラティヴ・アプローチとは、人々のナラティヴ（語りやストーリー）に着目する方法のこと。

ストーリーとは

ストーリーは、人生におけるさまざまな出来事の中から複数を結びつけ、順序に従って筋立てることによってでき上がります。ある出来事にはさまざまな感情や行為が含まれますが、それらをどのような順序で並べるのか、どのように筋立てるのかによって、ストーリーの意味が変わってきます。例えば、「事故に遭い、怪我をして学校に行けなくなったこと」を、「落第したこと」「学校を辞めたこと」と関連づけることで、「人生最悪の時」と意味づけるかもしれません。一方、「事故に遭い、怪我をして学校に行けなくなったこと」「落第したこと」「学校を辞めたこと」という一連の出来事も、「病院での素敵な医師との出会い」と関連づけることにより「忘れがたい時」という意味づけになるかもしれません。どの出来事をどのように結びつけるかによって、ストーリーの意味が変わります。

アイデンティティとストーリー

「自分とは何者か」というアイデンティティは、ストーリーを語ることによって作られていきます。自分が生まれてから今まで自分がどのように生きてきたのか、誰と出会い、誰と別れたのか、何を大切にしてきたのかなど、さまざまなことを結びつけたストーリーを誰かに語ることによって、アイデンティティが作られていきます。

例えば、クリスチャンとしてのアイデンティティについて考えてみましょう。クリスチャンは救いのストーリー（証し）を話すことがあります。私も母教会の伝道集会で救いのストーリー（証し）を話す機会がありました。教会員や求道者を前に救いの証しをするのはとても緊張しました。それでも、証しの機会が回ってくるたびに、救われる前、教会に初めて行った時、イエスさまと出会い救われた時、そして、その後のクリスチャンとしての歩みを振り返りつつ、それぞれの出来事をつなぎ合わせ、七分ほどで話せるストーリー（証し）を書いていたことを覚えています。そして、伝道集会で救いのストーリー（証し）を話すことで、クリスチャンとしてのアイデンティティが形作られていったように思います。クリスチャンとしてのアイデンティティに限らず、私たちのアイデンティティは、自分自身についてのストーリーを語ることで形作られていきます。

アイデンティティの再構築とグリーフケア

大切なものを失う経験はアイデンティティに影響を与えますから、グリーフプロセスにおいては、ストーリーを語ることを通してアイデンティティを再構築することが必要となってきます。ここではアイデンティティについて説明した上で、なぜグリーフプロセスにおいてアイデンティティの再構築が必要なのか、またアイデンティティを再構築するために体験／ストーリーを語ることとの意義を考えていきたいと思います。

まず、アイデンティティについてです。アイデンティティは周囲から独立してではなく、家族や友人など大切な人々との関係において作られます。大切なものを喪失するとは、自己、つまりアイデンティティの一部を喪失することを意味しますので、グリーフプロセスにおいてはアイデンティティが再構築される必要があります。これは愛する人との死別だけに言及しているのではありません。４章で学んだように、私たちは生きていく上でさまざまな喪失を体験します。その喪失の中にはアイデンティティに多かれ少なかれ影響を与えるものもあるでしょう。例えば、仕事を失うという経験について先に説明しました。どのような仕事をしているかは、その人のアイデンティティに影響を与えますから、その仕事を失うことはアイデンティティの一部を失うことにつながります。喪失とアイデンティティの関係について、ニーメヤーは次のように説明します。

大きな喪失を体験すると、再び「昔の自分」には戻れません。けれど、古いアイデンティティを完全に失うわけでもないのです。古いものを残しつつ、新しい役割に見合った自己のアイデンティティを、努力して再構築することは可能です[11]。

例えば、夫と死別した場合、妻は、「妻」という役割を失うことになります。そして、「妻」という役割を失うことは、自己のアイデンティティの一部を失うことにつながります。もはや「昔の自分」に戻ることはできませんが、これまでとは別の役割を見いだし、自分自身のアイデンティティを再構築していくことができます。

私はアジア福音同盟の女性委員をしていますが、その活動の一つに「ウィドゥズ・コネクト（Widows Connect）」があります。配偶者を亡くした人などが年に一度集まり、体験を分かち合い、励まし合う会です。その会のリーダーも夫と死別しています。ある時、彼女が次のように話していました。「夫を亡くした時にはとてもつらかったし、今でもつらい。でも、そのつらさを話す場があったので私は助けられた。お互いの体験を語り合い、聴き合う場があることで、少しずつ新しい自分を発見することができると思う。」実際に彼女は、一人の男性の妻から、同じような経験を持つ人を慰める働きだけではなく、さまざまなミニストリーを導くリーダーへと再構築されていきました。このように、大切なものを喪失し、自己の一部を失うことがあっても、新しい役割に見合うアイデンティティをお互いに体験を語り合うことで再構築することができます。また、そのことが生きていく力につながっていきます。

なぜ、グリーフプロセスにおいてアイデンティティを再構築する必要があるのか、二つ目の理由を説明します。アイデンティティには、過去・現在・未来の時間の流れの中での連続性の意識が不可欠であると言われています。アイデンティティが大切なものとの関係性の中で作られるとすれば、その大切なものを喪失することは、過去・現在・未来の時間的な流れが分断されることにつながります。例えば、配偶者を亡くす場合には、その人との想定していた未来が見えなくなり、それによって、現在と未来のつながりが失われます。それまで配偶者と「これをしよう、あれをしよう」と相談していた過去についても、「あれはなんの意味があったのだろうか」と思うかもしれません。大切なものを失うことは、過去、現在、未来のつながりを失うことを意味します。

また、愛する人の喪失があまりにショックで、時系列に混乱が生じることがあります。カウンセリングの中で、「何から話していいのか分かりません」と言われることは少なくありません。「あまりに突然の死別で、いったい何が起こっているのか分からない」、「どのように体験を整理したらよいか分からない」ということがあります。その時には、「どこからでもよいですよ。時系列が前後してもまったく問題ありませんから、思いつくままに話してください」とお伝えします。どんなに混乱していても、何が起こったのかを伝えるために、覚えている出来事をつなぐ作業をすることで、少しずつ思考が整理されてくる面があると思うからです。ここにストーリーを語ることの意義があります。ニーメヤーは次のように言います。

自分のストーリーを語るとは、混沌(こんとん)とした一連の出来事に秩序をつける手段にほかなりません。ストーリーを語ることで、いろいろな出来事の底流にある、出来事の数々を一つに束ねているテーマを発掘することができます。ストーリーそのものは受け入れがたくても、少なくとも筋の通った話にすることはできるのです。[12]

過去、現在、未来の連続性が失われ、アイデンティティが混乱している時、少しずつでもその体験を語ろうとすることでつながりが見えてきます。それにより思考が整理され、その出来事を受けとめる準備ができます。その出来事を自分自身で受けとめ、自分のストーリーの中に取り入れて語ることでアイデンティティが再構築されていくのです。

意味を見いだすこと

喪失体験に限らずですが、私たちがさまざまな困難に直面する時、そこに意味を見いだすこと／生成することで、その体験を受けとめ、前に進むことができるようになります。人はストーリーを語ることによって、意味を見いだしていきます。

「意味を見いだす」という時の「意味」とはどういうことでしょうか。ポーリン・ボスは、意味を見いだすというのは、「自分の体験が理解できるようになること」と言いました。[13] 愛する人には「生きていてほしかった」と思うでしょう。ですから「亡くなったこと」に意味を見いだすことはできないと思います。でも、愛する人の不在によって、その人が「どれほどかけがえのない存在だったのか」に気づくことがあるのではないでしょうか。それもまた「意味を見いだす経験」です。

私は数年前に大切な恩師を天に送りました。十年以上も会っていなかったのですが、亡くなる一年ほど前に再会しました。それから間もなく病気が見つかり、天に召されました。召される半年ほど前だったでしょうか、電話をいただきました。とても息苦しそうでしたが、「よく聴いてね」と言いながら、短く話をされました。その後、先生に会うことはありませんでした。告別式にも出席できませんでした。「もっと話したかった、どうして？」と思います。なぜそんなにも早く天に召されたのか、そこに意味を見いだすことはできません。でも、亡くなる一年前に再会したこと、召される半年前に電話をしてくださり、大切な言葉を遺されたことの意味は分かります。それは、私の人生を大きく転換するほどの強烈なインパクトを与えたからです。まさにいのちを削るようにして息苦しい中で話されたあの言葉がなければ、私は今の道を歩んではいません。いのちが尽きる最後の最後まで誰かをキリストに導こうとする姿に私も倣いたいと思います。大切な恩師を天に送ったグリーフは今でも続いています。先生と最後にお会いした時の写真を見ながら涙する時もあります。でも、牧師としての歩みにおいて難しさを感じる時に励ましを与えてくれるのは、あの時の先生の言葉です。グリーフの歩みの終着地点は、遺された人の一生の終わりです。ですから、私は、生涯にわたってグリーフのプロセスを歩き続け、先生と出会ってから共に歩いた月日を思い巡らしつつ、意味を見いだしていくのではないかと思います。

このように意味を見いだすことは、もう一度立ち上がり生きていく力を人に与えます。そのプロセスにおいては体験のストーリーを語ることが助けになりますが、そのためには、次にあるように聴き手が重要な役割を担います。

聴き手の存在

ストーリーを語ることによって混沌とした一連の出来事に秩序をつけることができる、また意味を見いだすことができますが、ここで大切なのは「聴き手の存在」です。聴き手が会話の内容や方向性をリードするのではなく、語り手が語りたいことに口を挟まず、しっかり聴いてくれる存在が必要なのです。そのような聴き手にストーリーを語ることによって、薄いストーリーが分厚くなっていくと言われています。つまり、ストーリーを語り続けることで新しい気づきが与えられたり、忘れていた出来事を思い出し加えたりすることで、より分厚いストーリーが作られていきます。語り手の心境も、最初は自分の語りには自信がもてないかもしれませんが、共感してくれる相手に語ることで確信をもって語ることができるようになるでしょう。グリーフについて語らないからといって、その人がグリーフをもっていないというわけではありません。

被災地でのことです。ある避難所でお楽しみ会をしていました。グループごとにテーブルに座り、好きなことを話して笑っていました。同じテーブルに一人の男性が静かに座っておられました。私は、「話に入ってこられないな」と思いつつも、そっとしておくことにしました。テーブルから一人、また一人と立ち上がって帰って行かれ、私とその方だけが残りました。「実は……」と小さな声がしました。「妻が亡くなりまして……毎日がつらくて……。」その時の私は心の準備ができておらず、すぐには反応ができませんでした。ぎこちない間がありましたが、なんとか心を整え、しばらくの間、その方のストーリーを聴かせていただきました。「ずっと話したかったのに、話す機会を待っていたんだな」と申しわけなく思いました。聴き手がいなければ、語ることはできません。語らないからといって、語る必要がないとは限りません。私が「聴き手」として存在していなかったために、その方は語ることができなかったのだと思います。グリーフプロセスにおいて聴き手の存在はとても重要です。

本章では、グリーフプロセスにおいてストーリーを語ることの意義とアイデンティティの再構築について共に学びました。遺された人には、愛する人と共に生きていたストーリーがあります。愛する人の死に直面することは、アイデンティティの一部を喪失することです。それは、ストーリーが語り直される契機となります。この「語り直し」によってアイデンティティが再構築されていくのです。

ストーリーを語ることで、人は自らの体験を意味づけますが、そこには聴き手の存在が不可欠です。

タリタ・クムタイム

A　自分自身のことを振り返りましょう。

・大切なものを失ったストーリーを誰かに聴いてもらった経験を思い出してください。どのような経験でしたか？　何か新しい気づきがありましたか？

B　あなたがグリーフケアをしている人たちのことを思い浮かべましょう。

・本章で学んだことをもとに、これからグリーフケアをする際には、どのようなことを心がけることができるでしょうか？

第8章　リ・メンバリング

アメリカオレゴン州ポートランドに、大切な人と死別した子どもたちやその家族のための「ダギーセンター」という施設があります。そこに研修に行った時のことです。子どもたちのスモールグループを見学しました。それぞれが「形見」を持参していました。家族や友人など大切な人との死別を経験している子どもたちです。それぞれが「形見」を持参していました。その「形見」を見せながら、誰からもらったものか、生前の思い出などを順番に話していました。私は一人ひとりの話を聴きながら、まるで「形見」が生きている人と亡くなった人とをつなぐ架け橋のように思えました。亡くなった人は確かに生きている人の心の中にいて、生きている人との関係は続いているのだと思いました。死は関係性の終わりではありません。死は別れを告げることではないのです。関係性は変わっても、故人との関係は続きます。

この関係性の継続に焦点を当てるのが本章で紹介する「リ・メンバリング」です。これは、リメンバリング（remembering ― 思い出すこと）とリ・メンバリング（re-membering ― メンバーシップを改訂する）の両方の意味を含んでいます。本章ではナラティヴ・アプローチを参考に、グリーフプロセスにおける「リ・メンバリング」について考えてみたいと思います。

リメンバリング（remembering ― 思い出すこと／覚えていること）

グリーフプロセスにおいて、遺族は亡くなった人との関係を忘れるほうが良いと考えられていた時がありました。「いつまでも過去にとらわれるのではなく、前に進みましょう」ということなのかもしれません。しかし、実際には大切な人と死別したからといって、故人との関係を忘れることのほうが難しいように思います。その人の遺した言葉が遺族を励まし続けることもあるでしょう。死別後に故人と遺された者との間の関係が深まるという場合もあるのではないでしょうか。

私が牧会している教会では、前任の牧師が病気で天に召されています。私はその牧師が亡くなる三か月前から説教支援に行きました。月に二回のペースでしたので、対面で前任者とお会いしたのは五〜六回だと思いますが、お会いした時には心を開き、深い交わりをさせていただきました。「私はもうそんなに長くはないけれど、あなたは今からの人だと思うから。私は天国に行っても祈っているね」と笑顔で話されたことを今でも覚えています。先生が天に召された後、私はその教会に赴任しました。時々心の中で「先生、祈っているって言われていましたよね。先生の祈りが必要ですからお願いします」と語りかけることがあります。今でも先生との関係が継続していると私は思っています。

トム・アティグは、死別後にも生きた関係性が持続しうると考え、次のように言います。

思い出を慈しむ時、私たちは、故人への理解を新鮮なものとし、深めることになる。彼らに再び心を向け、近くに引き寄せ、そこにいない彼らを抱きしめる。人生最高の時と改めて結びつけ、感謝の気持ちに満ち、彼らへの愛のあたたかさを感じ、私たちのリメンバリングで彼らが喜ぶのを感じ取る。そして、彼らの愛のあたたかさを感じる。(14)

ダギーセンターの子どもたちも「形見」を手にして思い出を語っていた時、故人に心を向け故人とのさまざまな思い出を抱きしめていたのではないかと思います。私たちは思い出によって支えられることもあれば、思い出から学ぶこともあると思います。今とこれからの「自分」が造られていくためにも「思い出」は重要な役割を果たします。

リ・メンバリング（re-membering ── もう一度メンバーに加える）

7章で説明したように、アイデンティティは人との関係性の中で構築されるものですから、自分にとってかけがえのない人との死別は自分自身のアイデンティティに影響を与えます。ナラティヴ・アプローチでは、さまざまな比喩が用いられるのですが、自分自身に影響を与えている人たちの集まりを「人生クラブ」と呼びます。この人生クラブには、私たちのアイデンティティに影響を与える人々が含まれます。そのクラブのメンバーの一員であった人が亡くなる場合、その人のメンバーシップは剝奪されるのでしょうか。そうではありません。リ・メンバリングの「リ・」は、もう一度という意味です。愛する人と死別した後も、その方をもう一度メンバーに加え、これまでとは違った形ではあっても関係を持続することができます。

もう十年以上前のことです。ある小学六年生の子どもが親友を事故で亡くしました。近所に住んでいたため、赤ちゃんのころからずっと一緒に過ごしてきた親友でした。その子は悲しみのあまり立ち上がれないような状態にありました。ある日、彼は次のように言いました。「ぼくは、新しい友だちは作らない。友だちは○○だけだから。ぼくが新しい友だちを作ったら○○は悲しむと思うからね。」私は、何も言わず彼の話を受けとめました。実際に彼は学校にも行かない、人とも会わない選択をし続けました。ある時、私は彼に聞いてみました。「もし願いが叶うなら、○○と何をしたいと思う?」彼は答えました。「プールに行って一緒に泳ぎたい。毎年、夏にプールに行っていたから。でも、そんなことできないのは分かっている。もういないから。」そこで、私は「リ・メンバリング」の話をしました。以前のように学校やプールに一緒に行けないけれど、親友であることには変わりはないこと、心の中でずっと一緒に居続けていること、小学校の卒業式には親友も彼の心の中にいて一緒に卒業することができること、これからもずっと親友でいられることなど、時間をかけて話していきました。「親友のことを絶対に忘れたくない」と主張していた彼に、「そうだよ、忘れなくていいんだよ。むしろ、これからも一緒に生きていこうよ」と伝えたことで、彼の中に少しずつ変化が生じてきました。それまでの彼は、心のどこかで「親友はもう死んじゃったから忘れなくてはいけない」と思っていたのかもしれません。

バーバラ・ウィンガーがこのように言っています。

もう生きていない人たちを私たちのところに連れてくる方法を見つけることによって、人々の人生に大きな違いが生まれます。私たちがすでに亡くした人たちと、そして忘れ去っていた思い出と結ばれる時、私たちは、以前より強くなるのです。私たちを好いてくれた人々の愛情のこもったまなざしで、自分自身を見てみれば、私たちの人生はもっと生きやすいものとなるのです[15]。

かけがえのない人との死別によって「すべてが終わってしまった」と絶望する人も少なくありません。でも、故人との関係を死によって終わらせる必要はありません。人が成長するように、故人との関係も心の中で育んでいくことができますし、亡くなった方から受けた愛情を思い出すことで励まされ、生きていく力を得ることもできるのではないでしょうか。

第2部では、グリーフケアをするために知っておきたいことについて学びました。初めて学ぶ人にとっては難しい内容も含まれているかもしれません。これからグリーフケアをするたびに読み、知識の確認をするために役立ててほしいと思います。第3部では、これらの理論を基にグリーフケアを実践していく方法を学んでいきましょう。

タリタ・クムタイム

A　自分自身のことを振り返りましょう

・愛する人との死別経験がありますか？　形見を持ってきて、その人との思い出を振り返り、その思い出を話してみませんか？

・「故人との関係を死によって終わらせる必要はない」というのは、あなたにとってどのような意味があるのでしょうか？

B　あなたがグリーフケアをしている人たちのことを思い浮かべましょう。

・本章で学んだ「リ・メンバリング」について、どのようにその方に伝えることができるでしょうか？　その方にとって「リ・メンバリング」について知ることは、どのような意味があるでしょうか？

コラム　「イエスさまによるリ・メンバリング」

十字架にかけられていた犯罪人の一人は、イエスをののしり、「おまえはキリストではないか。自分とおれたちを救え」と言った。すると、もう一人が彼をたしなめて言った。「おまえは神を恐れないのか。おまえも同じ刑罰を受けているではないか。おれたちは、自分のしたことの報いを受けているのだから当たり前だ。だがこの方は、悪いことを何もしていない。」そして言った。「イエス様。あなたが御国に入られるときには、私を思い出してください。」イエスは彼に言われた。「まことに、あなたに言います。あなたは今日、わたしとともにパラダイスにいます。」（ルカ23・39～43）

これは、十字架上での出来事です。犯罪人の一人がイエスさまを罵っていたもう一人の犯罪人をたしなめた後で言います。「イエス様。あなたが御国に入られるときには、私を思い出してください」と。イエスさまに思い出していただくこと、覚えていただくこと（リメンバリング）がこの犯罪人にとっての祈りでした。それに対して、イエスさまは言われました。「まことに、あなたに言います。あなたは今日、わたしとともにパラダイスにいます。」今、この時、この犯罪人はイエスさまと共にパラダイスに迎え入れられていることが宣言されました（リ・メンバリング）。

神のかたちに創造された私たちもまた、罪ゆえに神さまに背を向け、神さまとの関係を一度失いましたが、イエスさまは私たち一人ひとりを覚えていてくださいました。「イエスさま、私のことを思い出してください」と祈る前から、イエスさまは覚えていておられます。実際、この犯罪人も十字架上でイエスさまに願う前から覚えられていました。イエスさまは私たちのことを覚えているからこそ、十字架上での贖いの御業を成し遂げてくださったのです。そして私たちがイエスさまを救い主として信じる祈りをささげるとき、「あなたは今日、わたしとともにパラダイスにいます」と宣言してくださり、神の王国の一員としてメンバリングしてくださるのです（リ・メンバリング）。教会は神に覚えられている者たちが集められたイエスさまを中心とした共同体です。

タリタ・クムタイム～第2部の振り返り～

第2部を読んだ上で、もう一度振り返りの時をもちましょう。

A　自分自身のことを振り返りましょう。

・イエスさまによる「リ・メンバリング」について学びましたが、あなた自身の経験を思い巡らしてみませんか？　その上で、あなたは今どのような祈りをささげたいと思いますか？　例えば、リ・メンバリングされていることへの感謝でしょうか？　リ・メンバリングを求める願いでしょうか？

・第2部全体を振り返りましょう。自分のグリーフケアにとって助けになるのはどのようなことでしょうか？

B　**あなたがグリーフケアをしている人たちのことを思い浮かべましょう。**

・第2部全体の学びをもとに、どのようなグリーフケアをしますか？

第3部
グリーフケアの実践

第1部「聖書に学ぶグリーフケア」では、父なる神、御子なるイエス、聖霊なる神が、「神のかたち」を喪失した人間のために働いていること、また「神のかたち」の回復／再生こそがグリーフケアの目的であることを聖書から学びました。

第2部では、グリーフケアをするために知っておくべき基本的な心理学の知識を整理しました。特に、喪失、グリーフ反応、伝統的なグリーフプロセスのモデル、そして、ナラティヴ・アプローチに学ぶグリーフプロセスとして、「ストーリーとアイデンティティ」と「リ・メンバリング」について学びました。

第3部では、いよいよグリーフケアの実践に入っていきます。ここではエマオの途上でのイエスさまによるグリーフケアを実践モデルとして、**近づく**、**聴く**、**説き明かす**、**食卓に着く**、という四つのイエスさまの行動から、グリーフケアの実践を学んでいきたいと思います。

第9章　近づく

ところで、ちょうどこの日、弟子たちのうちの二人が、エルサレムから六十スタディオン余り離れた、エマオという村に向かっていた。彼らは、これらの出来事すべてについて話し合っていた。話し合ったり論じ合ったりしているところに、イエスご自身が近づいて来て、彼らとともに歩き始められた。（ルカ24・13～15、傍点は筆者による）

グリーフケアの第一歩は、グリーフの中にある人に「近づく」ことです。けれども、「近づく」というのは、実はそれほど簡単なことではありません。その人のために何かをしたいという思いはあっても、何をどのようにしたらよいか分からない、私がしなくても誰かがやってくれているかもしれない、余計なことをしようとしているのかもしれない、などの考えが頭の中でグルグルと回ります。そして、結局何もしなかった、できなかった後悔だけが心に残っているというような経験はありませんか。一方、グリーフを抱えている人を励まそうと、良かれと思ってしたことなのに、相手に痛みを与えてしまったこともあるかもしれません。グリーフケアには「正解」がありません。同じことをしても、ある人には慰めになることが別の人には痛みになるかもしれません。グリーフの中にある人に「近づく」にはどうしたらよいのでしょうか。共に考えていきましょう。

誰が近づくのか

大切なものを失い、グリーフの中にある人がいるとします。その人に対して、誰がグリーフケアをするのでしょうか。専門家でしょうか。牧師でしょうか。グリーフケアは、ケアでありキュアではありません。キュアは、「治療する」という意味ですから、それは専門家にしかできないかもしれません。一方、ケアは、「気にかける、配慮する、心を配る」という意味です。グリーフの中にある人をケアすることは、専門家でなくてもできると思います。悲しんでいる人が隣にいるならば、その人のことを気にかけるのは自然なことでしょう。

でも、グリーフケアの基本を学んでいなければ、相手を励まそうと思い、良かれと思って口にした言葉によって相手を傷つけてしまうかもしれません。繰り返しになりますが、グリーフケアの難しさは正解がないことだと思います。ある人にとっては助けになることも、他の人には深い傷となりえます。このように話すと「じゃあ、どうすればいいんですか、何もしないほうがよいのではないでしょうか」と言われることがあります。何かすればよいというわけではありませんが、「どうすればよいか分からないから何もしない」人たちばかりでは、グリーフケアをすることはできません。

ですから、私は「キリストの愛に基づく」という言葉が鍵となると思っています。私たちの力や考えだけでグリーフケアをしようとすれば、「もう何もしないほうがいいのではないでしょうか」と言いたくなるでしょう。

「それは人にはできないことですが、神にはどんなことでもできます。」（マタイ19・26）

グリーフの中にある人に手を差し伸べたいとの思いが与えられているならば、主に祈りましょう。そして、聖霊に導かれながら近づいていきましょう。

どのように近づくのか

グリーフの中にある人が話をしたいのか、そっとしておいてほしいのか、分からないと悩むことがありませんか。大切なものを失った後には、気持ちが大きく揺れることがあります。今日、「誰かと話したい」と思っていても、次の日には「そっとしておいてほしい」と思うかもしれません。グリーフケアでは、そのような「気持ちの揺れ」を受けとめながら、近づいたり、そっとしておいたりすることが求められると思います。

では、どのように近づけばよいのでしょう。イエスさまのグリーフケアから次の四点について学んでいきましょう。**①観察する、②言葉をかける、③黙って側にいる、④近づかない（神さまに委ねる）選択**です。

①観察する

イエスさまは二人の弟子に近づき、「歩きながら語り合っているその話は何のことですか」（ルカ24・17）と聞かれました。「歩きながら語り合っているその話」という言葉から、イエスさまは二人の弟子のことを観察されていたのではないかと想像します。カウンセリングをする時にはまず、相談者の話に耳を傾けながら、その人の様子を観察します。そして、どのようにアプローチをしたら相談者にとって助けになるだろうかと考えます。グリーフケアにおいても同様です。「何かしてあげたい、何かしなければ」と焦る気持ちも出てくるかもしれませんが、まずは祈りながら、グリーフの中にある人の様子を観察しましょう。第2部でグリーフ反応について学びましたが、情緒面、認知面、行動面、生理／身体面、社会面、スピリチュアルな面で、どのようなグリーフ反応があるのかを観察します。そして、それぞれのグリーフ反応に対してどのようなケアができるかを思いめぐらしながら、主の導きを仰ぎましょう。

②言葉をかける

イエスさまは弟子たちを観察した後で、二人の弟子たちに声をかけました。近づき方の二つ目は「言葉をかける」です。グリーフの中にある方に近づく時、あなたはどのような言葉がけをしますか。相手の気持ちを想像すればするほど、どのような言葉をかけたらよいのか分からなくなることはありませんか。一般的によく使われるフレーズであっても、相手に痛みを与える可能性がないとは言えません。

私の祖母が亡くなった時のことです。葬儀に来られた方から「大往生でしたね」と言われました。私を励まそうとしての声かけであったと思います。でも、私は「大往生と言われても……まだ生きていてほしかった」と少し悲しくなりました。それは、グリーフケアの際に行う言葉がけの難しさについて改めて考える、よい機会となりました。グリーフケアに正しい答えはないように、どのような場合でも、誰に対してでも使える万能な言葉がけもありません。その時々に応じて丁寧に言葉を選び、心をこめて声をかけていきたいと思います。

ここでは、言葉の選び方についてのガイドラインを示します。まず、祈りながらどのような声かけをしようかと考え、言葉を選びます。次に、その選んだ言葉は、相手にとってどのような意味に聞こえるだろうか、相手はどのように捉えるだろうかと、相手の立場に立って想像します。最後に、その言葉がけをしようとしている自分自身の内面を観察してみましょう。さまざまな気づきがあると思います。

言葉がけをする際のガイドライン

①祈りつつ、丁寧に言葉を選ぶこと
②その言葉を「相手が」どのように思うのか／捉えるのかを想像すること
③なぜ自分がその言葉がけをするのか、自分の心の内面を観察すること

それでは、グリーフの中にある人に対して使われる三つの言葉がけを例にあげ、ガイドラインに沿って検討していきましょう。

例①「あなたの気持ちは分かりますよ」

グリーフの中にある人の中には、「気持ちは分かりますよ」と言われると、「分かってくれて

いるのだな」と慰められる人もいるかもしれません。でも、この言葉をグリーフ反応が強い時に言われると、「あなたに私の気持ちが分かるはずがない」と思う人もいます。また、「軽々しく『気持ちが分かる』と言う人は信頼できない」と思うかもしれません。このように、言われた相手がどのようにその言葉を捉えるだろうかと想像してみましょう。次に、その言葉を言う時／言った時の自分自身の心の内面も観察しましょう。例えば、どのような言葉をかければよいのか分からないので、その場をやり過ごすために「分かりますよ」と言ったのかもしれません。話を聴く時には、聴く側の心が揺さぶられることがあります。揺さぶられると不安になります。ですから、早い段階での着地点を探すために「分かりますよ」と言ったのかもしれません。

例②「泣いたほうがいいですよ」「泣いてもいいですよ」

グリーフの中にある人が泣きながら「ごめんなさい、涙が止まらなくて」と言う時に、「泣いてもいいですよ、泣いたほうがいいですよ」と声をかけるかもしれません。あるいは、全く泣いていない遺族に「泣いたほうがいいですよ」「泣いてもいいですよ」と言うかもしれません。そのように言われた人は、「そうか、泣いてもいいのか」と気持ちを表すことができるかもしれません。一方、「なぜこの人に『泣いたほうがいい』と言われなくてはならないのか」「泣きたいけど泣かないように必死で我慢しているのに」と思う人もいるでしょう。相手がどのように思うのかを想像しましょう。この場合には、声かけの仕方を工夫するとよいかもしれません。例えば、グリーフの中にある人が「ごめんなさい、涙が止まらなくて」と言う時、「ごめんなさい」との言葉の前提になる部分を想像し、「泣いちゃいけないと思っていますか？」と言葉にしてみるのも一つでしょう。そうすることで、どうして「泣いちゃいけない」と思っているのか、その思いを聴くことができるかもしれません。

次に、「泣いたほうがよいですよ」と声をかけた自分自身の内面を観察しましょう。「泣いたほうがよいですよ」との言葉がけをする前提には、「大切な人を亡くしたら、泣いたほうがよい」との思いがあるのでしょうか。グリーフの反応は人それぞれですから、どの反応がよい、悪いということではないはずです。

それが分かっていれば、「泣いたほうがよいですよ」とは言わないと思います。

例③「神さまのみこころがなされたのですよ」

グリーフの中にある人が「神さまのみこころがなされたのですよ」と言われた時、どのように思うでしょうか。「神さまのみこころがなされたのだな」と思い、現実を受け入れていく助けとなることがあるかもしれません。一方、痛み、悲しみ、怒りで心がいっぱいの時に「神さまのみこころがなされたのですよ」と言われれば、悲しみや怒りの矛先が神さまに向いてしまうかもしれません。また、「神さまのみこころ」としては受けとめられない、自分の信仰の弱さを責められているようにも思うかもしれません。「神さまのみこころがなされたのですよ」という言葉は、その出来事に対する意味づけです。グリーフを抱える当事者が時間をかけて意味づけをするならば、助けになるかもしれません。でも、まだその準備ができていない時に外から意味づけをされても、当事者の心が追いついていかないのではないでしょうか。

次に、「神さまのみこころがなされたのですよ」と言う時の自分自身の内面を見つめてみましょう。グリーフの中にある人を信仰的に導きたいと願うからでしょうか、または、少しでも早く痛みから解放されてほしいと願うからでしょうか。このような願いを持つことは決して悪いことではありませんが、言い方によっては、逆に相手を信仰から引き離してしまうことになるかもしれません。

あるクリスチャンの家族が癌になりました。余命二か月と言われたそうです。愛する家族の死を目前にして泣きながら生活をしていましたが、慰めを得ようと教会に行きました。教会では、「神さまのみこころがなされますように」との祈りがささげられました。そして、家族が亡くなられた時に、「祈りましたよね、神さまのみこころがなされたのですね」と言われ、ひどく傷つき、「二度と教会には行かない」と心の中で誓ったそうです。純粋な信仰から発せられた言葉かもしれませんが、結果的にはその人の心に深く刺さり、信仰から遠ざける結果となりました。良かれと思ってかけた言葉であっても、相手がどのようにその言葉を受け取るのか、相手の視点に立ち、想像することが大切です。

最後に、グリーフケアをする時に相手に痛みを与えるかもしれない言葉が一覧にしてみましたので参考にしてください。

相手を傷つけてしまうかもしれない言葉

「あなたの気持ちは分かりますよ」
「頑張ってください」
「泣いたほうがいいですよ」
「そんなに悲しんでいると亡くなった人が悲しみますよ」
「あなただけがつらいんじゃないですよ」

「神さまはすべてご存じですよ」
「神さまのみこころがなされたのですよ」

③黙って側にいる

グリーフの中にある人に近づく時、何か言わなくてはと思うかもしれませんが、黙って側にいるのもグリーフケアです。私たちの「ケア」は、言葉でなくても伝えることができます。私は家族が自死された方の側に何時間も何も言わずに座っていたことがあります。嗚咽される声を聴きながら、共に涙を流しながら、時に背中をさすってさしあげながら、ただ側にいました。何か声をかけたほうがよかったのかもしれませんが、正直何を言っていいのか分かりませんでした。このような時、黙っているほうがいいというわけではありませんが、かける言葉が思いつかないならば、「沈黙を埋めるために」言葉をかけるよりは、黙っていたほうがいい時もあります。言葉をかけずとも、相手のグリーフを受けとめることはできると思います。

④近づかない（神さまに委ねる）選択

グリーフを抱えている人に「近づくこと」について書いてきましたが、近づかない選択もあります。自分の心に余裕がない時、痛んでいる時に無理に近づくことは、自分自身にも、相手にも痛みを与えてしまうかもしれません。ですから、近づかない選択をすることがあってもよいと思います。物理的には近づかなくても、クリスチャンには「祈り」がありますから、祈りによって近づくことができます。

災害が起こると、被災地に足を運ぶことができる人たちもいます。でも、仕事がある、家族の用事がある、介護があるなど、さまざまな理由で現地に行きたくても行けない人たちはたくさんいます。自分の責任を放り出して、どうしても被災地に行かなくてはならないわけではありません。被災地に行かなくても、さまざまな方法で近づくことができます。被災者のために、支援者のために祈る、支援物資を送るなど、被災地に行かなくてもできることはあります。

また、自分自身の置かれている状況や心の状態によっては、主に完全に委ねる選択肢もあります。例えば、映像を通してでも被災地の様子を見ることがつらいという時期もあるでしょう。そのような時には、まず自分自身のケアをすることが優先されるべきです。自分が近づくことができないからといって、罪悪感を持つ必要はありません。私たちは限界をもった小さな土の器にすぎません。内なる聖霊に耳を傾けつつ、導きを仰ぐ時、近づかないことがみこころと思うならば、みこころに従い、神さまに委ねましょう。

本章では、グリーフの中にある人に「近づくこと」についてまとめてみました。基本的には、その人の状態を観察し、思いを想像しながら、その人のペースに歩みを合わせることだと思います。その時には、「傾聴」が鍵となります。次章では、相手に耳を傾けながら共に歩くことについて学んでいきましょう。

タリタ・クムタイム

A 自分自身のことを振り返りましょう。

- グリーフの中にいた時、あなたに近づいてくださった方がいますか？ その時の経験を思い出してみましょう。
- 大切なものを喪失した時、誰かからの声かけに慰められたことがありますか？ それはどのような言葉でしたか？
- 反対に、誰かからの声かけによって痛みを覚えたことがありましたか？ それはどのような言葉でしたか？ その時、どのような声かけをしてほしかったですか？

B　あなたがグリーフケアをしている人たちのことを思い浮かべましょう。

- これまでにグリーフの中にある人に近づいた時のことを思い出しましょう。それはどのような経験でしたか？　例えば、距離の取り方が難しいと感じたことがありますか？
- その時、どのような声かけをしましたか？　相手の反応はどのようなものでしたか？
今だったらどのような声かけをしますか？

第10章　聴く

話し合ったり論じ合ったりしているところに、イエスご自身が近づいて来て、彼らとともに歩き始められた。しかし、二人の目はさえぎられていて、イエスであることが分からなかった。イエスは彼らに言われた。「歩きながら語り合っているその話は何のことですか。」すると、二人は暗い顔をして立ち止まった。そして、その一人、クレオパという人がイエスに答えた。「エルサレムに滞在していながら、近ごろそこで起こったことを、あなただけがご存じないのですか。」イエスが「どんなことですか」と言われると、二人は答えた。「ナザレ人イエス様のことです。この方は、神と民全体の前で、行いにもことばにも力のある預言者でした。」（ルカ24・15～19、傍点は筆者による）

グリーフの中にある人に近づくことは、共に歩き始める第一歩です。イエスさまは二人の弟子に近づいた後、共に歩き続けました。「歩きながら語り合っているその話は何のことですか」、「どんなことですか」と問いかけ、二人の話に耳を傾けています。まず相手に耳を傾けることからグリーフケアは始まります。傾聴はグリーフケアの中心的な働きです。グリーフケアをしながら「聴く」時、私たちは、**神さま**、**人**（**相手**）、そして**自分**に聴きます。聖霊に導かれながら、それぞれに耳を傾けていきたいと思います。

傾聴セミナーの中では、グループワークを多く取り入れ、この三者に聴くことができるように心を配ります。それにより、傾聴セミナーの受講者の間に聖霊が働いてくださり、キリストを中心としたコミュニティができていきます（ピリピ2・1〜2）。ですから私は教会で傾聴を学ぶことはとても大切なことだと思っています。三者に聴く練習をしていくことで、互いに愛し合う主にある共同体になっていきます。これは、教会が「神のかたち」へと変えられていく営みです。それでは、グリーフケアにおける傾聴について考えていきましょう。

神さまに聴く

グリーフの中にある人にどのようにケアをすればよいのか、神さまのみこころを求めるために祈ります。また、相手の話を聴きながら、どのように話を聴くのか、どのように応答するのか、などの導きが必要です。もし、自分の力だけでグリーフケアをしなくてはならないとしたら、それはとてもできないと思います。でも、私たちは神さまに祈り、聖霊の助けを受けながら行うことができます。私はグリーフカウンセリングに限らず、カウンセリングをする前には必ず主に祈り、主のみこころを祈り求めます。神さまに耳を傾ければ、神さまは必ず導いてくださる方であると信じているからです。

人（相手）に聴く

グリーフケアに限らず、傾聴の基本は、「話している人が『聴いてもらえた、受けとめてもらえた』と思える聴き方をする」ことです。聴いている人がどんなに「聴いています」と言っても、話している人に「聴いてもらえていない」と感じさせてしまっていることがあります。これでは、「聴いている」ことにはなりません。グリーフを抱えている人の話はどのように聴くのか、次の六点について共に考えていきましょう。①丁寧に受けとめる、②リアクションに気を配る、③アドバイスを控える、④無理に話をさせない、⑤相手の立場に立ちながら聴く、⑥分かったつもりにならない、です。

①丁寧に受けとめる

5章でグリーフ反応について学びました。どの反応も良い、悪いではなく、グリーフプロセスにある人がもつ自然な反応です。その反応は言葉、表情、振る舞いなどに表れます。人の話を聴く時には、それらを丁寧に受けとめていきますが、そのために「リフレクション」という方法が助けになります。

リフレクション——相手のありのままを受けとめそのまま返す方法

私が受講したグリーフケアのトレーニングでは、まず初めに「リフレクション」を練習しました。リフレクションにはいくつかのパターンがあります。

相手の言葉のリフレクション

「眠れないんです」→「眠れないんですね」と、相手の発する言葉をそのまま受けとめ、相手に返します。これによって、聴いているほうも、相手の気持ちを受けとめることができますし、話しているほうにも聴き手が言葉を受けとめたことが伝わります。リフレクションの利点は、相手の言葉をそのまま使っているということです。聴き手が良かれと思って言い換えた言葉が、話している人にとってはしっくりこないものかもしれません。例えば、子どものカウンセリングをしている時、「お父さん、死んじゃったんだ」と言われるとします。それをわざわざ「お父さんは、天に召されたのね」と言い換えるよりも、「お父さん、死んじゃったんだね」と、そのままリフレクションをするほうが、子どもは「聴いてもらった、受けとめてもらった」と思うでしょう。

相手の様子のリフレクション

リフレクションするのは、言葉だけではありません。相手の様子を観察し、受けとめ、その様子を言葉で表現します。ある学校でカウンセリングをしていた時のことです。予約なしに相談室に入ってきた子がソファーに座り、黙っていました。しばらくその様子を観察し、「何も話したくない感じかな」と言うと、その子は黙ってうなずきました。「話したくなったら話してね」と伝えて、そっとしておきました。このように、言葉でのやりとりが上手くいかない場合、まだ言葉にならない思いを抱えているような状態の時には、様子を観察し、観察したことを返すリフレクションの仕方もあります。私はこの時には確信をもってリフレクションせずに、「○○という感じですか？　○○のように見えるけれども、どうですか？」というように含みをもたせるようにしています。なぜなら、これはあくまでも私の観察に過ぎないからです。不確かなことについてはできるだけ断言しないように、ふんわりと返すようにしています。

相手の声の調子、動きなどのリフレクション

声が大きい人に対しては少し大きめの声で話し、小さな声の人には小さめの声で話す、ジェスチャーを使って話す人には聴き手もジェスチャーを交えるというように、相手に合わせることもリフレクションの一つです。このリフレクションの練習の仕方を紹介します。二人組になります。一人は手を挙げる、首を振るなど、どのような動きでも良いので自由に動きます。もう一人は、正確にその人の真似をします。手を動かすスピード、首を振る方向など、正確に真似をする練習です。相手に合わせてついていく訓練になります。

このようにリフレクションを使いながら、相手のことばを丁寧に受けとめていくことが傾聴の基本です。ある言葉は受けとめ、別の言葉は受けとめないような聴き方をするとします。その場合、話している人は、聴く側が受けとめてくれるようなことしか話さなくなります。少しグリーフケアからは離れますが、ある子どもが「お母さんには、よいことしか話せない」と言うのです。「学校で上手くいったことを話すと、お母さんは嬉しそうに聴いてくれるけれど、上手くいかなかったことは聴いてくれないから」ということでした。お母さんは意識していないかもしれません。でも、その子は、聴き手であるお母さんの反応から、話してよいこと、話さないほうがよいことを瞬時に判断したようです。グリーフの中にある人の話を聴く時にも同

じです。話す人が聴く側に遠慮しないで自由に話せるように、聴く側が一つひとつの言葉を丁寧に受けとめることが大切です。

②リアクションに気を配る

グリーフを抱えている人がやっと体験を話し始めても、聴き手の驚きや困惑の反応によって、その人が話すのを止めてしまう場合もあります。私は自死遺族の方々にインタビューをしたことがあるのですが、愛する家族と死別した体験について、長い間話すことができなかったと言われる方がほとんどでした。そもそも「話してはいけない」と思っている遺族が、思い切って親しい友人や学校の先生に話をする時に、「えっ」という驚きや困惑したような反応をされることもあります。それにより、「やっぱりこれは話してはいけないことなのだ」と再確認するような経験となってしまうことがあります。聴く側の親しい友人や学校の先生が、突然のことに驚きや困惑を表現してしまうのも理解できます。リアクションというのは、反射的に出てしまうものです。また、オーバーなリアクション、否定的なリアクションなど、言葉に出さずとも表情に出してしまうこともあります。リアクションの癖が身についているために、自然とそれが出てしまうのです。リアクションが相手に与えうる影響を学び、普段から自分のリアクションを観察し、リアクションを意識的に調整していくように練習することもできます。小さなことと思えるかもしれませんが、リアクションは人の話を聴くときには重要です。

③アドバイスを控える

正確には「求められない限り」アドバイスは控えたほうが良いと思います。アドバイスがほしくて話す人もいますが、「ただ聴いてほしい」と思っている人もいます。いずれにせよ、アドバイスはそれほど簡単にできるものではありません。相手の話をしっかりと聴く前に良かれと思ってアドバイスをすることで、相手の「話そうとする気持ち」を阻害してしまうかもしれません。まずは、何が起こっているのか、その状況についてどのように考えているのか、などを聴くことなしには、なかなか相手にとって有益なアドバイスはできないと思います。アドバイスをするタイミングは、相手が求める時です。その時には、「自分だったらこうします」「自分としてはこう思います」と答えることは相手にとって助けになるかもしれません。その時にも押しつけるような言い方をしないように気をつけたいと思います。

④無理に話をさせない

リフレクションでも学びましたが、傾聴とは相手について、いくことです。相手が話したい時には聴きますが、相手が話したくない時には、その思いを尊重します。「[心理的]デブリーフィング」という用語があります。災害直後にトラウマ的体験を話すように促すことでストレス反応の悪化を予防すると考えられ、日本にも紹介されました。当初は、被災者のPTSD予防のために有効であると言われていましたが、やがてその効果は否定されました。それだけではなく、無理に話をさせると逆にトラウマ反応を悪化させる、自然の回復過程を阻害する場合があるとさえ言われるようになりました。あくまでも自然発生的に相手が話したい時に聴くのは益となりますが、無理に話させることは逆効果となる可能性があります。（注　被災地での支援をした後、奉仕者が集まり、その日の働きや感じたことについて振り返ることも「デブリーフィング」または「デフユージング」と言いますが、それはここで解説した「[心理的]デブリーフィング」とは異なります。）

⑤相手の立場に立ちながら聴く

人の話を聴く時にも、自分の経験と照らし合わせながら人の話を聴くことがあると思います。

それは相手の気持ちを理解する助けになることもありますが、自分の枠組みに相手の思いや考えを当てはめて**分かったつもり**になる可能性があります。相手の立場に立ち、「この人はどのように理解しているのだろうか。どのように思っているのだろうか」と想像しながら話を聴きます。そのためには、次の「分かったつもりにならないこと」が重要だと思います。

⑥分かったつもりにならない

私が傾聴セミナーの際に繰り返し強調するのは「無知の姿勢」です。これは、「分からないから教えてください」という姿勢であり、傾聴には不可欠であると思います。聴く前に決めつけたり、分かったつもりになったりすることがあります。また、「あまり深く聴いてはいけないのではないか」と配慮するあまり、よく分かっていなくても質問を控えることがあるかもしれません。でも、分かっていないのに分かったつもりになるよりは、「もう少し教えていただけますか」と丁寧に質問をして、教えてもらうほうが誠実であるように思います。

スクールカウンセラーとして相談室にいる時、お父さんやお母さんは、私から専門家としてのアドバイスを求めて来られます。でも、私はあえて「お子さんのことを教えてください。お父さんやお母さんのほうが私よりもお子さんのことをご存じなのですから」と伝えます。本当にそうだからです。分からないことを認めるのは恥ずかしいことではありません。そもそも人が人を理解するのには限界があります。人としての限界をわきまえつつ、相手を理解するには、「分からないかもしれないけれど、分かりたい」、「理解したいから教えてほしい」という真摯な姿勢が求められるように思います。

自分に聴く

人の話を聴いている時、聴き手は相手だけではなく、自分自身にも耳を傾ける必要があります。例えば、相手の話を十分に聴く前に評価したり、アドバイスをしたりする時、グリーフの話を聴いて心が重くなり、その重みに耐えられなくなっている自分の状態に気づくかもしれません。もしくは、自分自身の過去の喪失体験と重なり、自分の経験からアドバイスをしたくなったのかもしれません。あるいは、自分には「こうあるべき」という考え方が強いので、聴く前に自分の主張が前に出すぎてしまうのかもしれません。さまざまな理由が考えられます。自分自身の心の動きに気づくことなしにグリーフケアをしようとすると、知らず知らずのうちに相手に痛みを与えてしまいます。

カール・ロジャーズは、カウンセラーが「自己一致（genuineness)」の姿勢をもつことの大切さを強調しています。自己一致とは、「カウンセラーが今、その時に体験している感情に自分自身が気づき、それらを受け入れること」を意味します。例えば、癌で親を亡くした人の話を聴いている時、自分の心の中で痛みを感じるとします。その時に自分に耳を傾けてみると、自分自身の親を癌で亡くした経験が整理されていないことに気づくかもしれません。「親の死について痛みを感じる自分がいるのだな」と気づき、そのような自分を受け入れます。これが「自己一致」です。自分が感じている痛みやそのような痛みを感じている自分を受け入れることができていないならば、相手を受け入れることは難しいと思います。

人の話を聴きながら、同時に神さまに、そして自分自身に耳を傾けることは、傾聴においてとても大切なことですが、それほど簡単なことではないとも思います。人の話を聴くことができるようになるには訓練が必要ですが、意識しながら取り組むことで、少しずつ自分自身も、周りも変えられていくことに気づくことでしょう。

傾聴の方法

最後に、グリーフケアにおける傾聴の方法について①おもてなし、②共に抱く、③共に歩く、という三つのイメージで考えていきましょう。

①おもてなしのイメージ

聴くというのは、相手に自分の時間を差し出すことを意味します。それは、「あなたのことを大切に思っています」というメッセージでもあります。人の話を聴くというのは、「人をもてなすこと」でもあると思います。私たちは大切なお客さまを招く時、その人が心地よく過ごせるようにします。同様に、誰かの話を聴くときにも、その方が「聴いてもらえた、大切にしてもらえた」と、話した内容だけではなく、存在が受けとめられたような温かさを感じてもらえるような聴き方を心がけたいと思います。

②共に抱くイメージ

大切なものを失い、グリーフの中にある人は、「誰も分かってくれないだろう」と孤独を感じているかもしれません。自分のグリーフは自分で抱えるものだと、一人で悩んでいるかもしれません。思い切って誰かに話をした後でも、「こんな話をするべきではなかった。相手に迷惑をかけてしまった」とますます悩む人もいます。話す人が「話してよかった。受けとめられた」と思えるような聴き方を心がけたいと思います。そのために、聴く人はグリーフを他人事のようにではなく、まるで自分のことのようにそのグリーフを共に抱きたいと思います。話を聴くことで「あなたは一人じゃないですよ、私はあなたと一緒にいますよ」というメッセージを伝えたいのです。

③共に歩くイメージ

グリーフケアにおける傾聴のもう一つのイメージは、「共に歩く」です。聴いている人は、話している人と長い道のりを共に歩くことになるかもしれません。これまでも学んできたように、大切なものを失うのは、自分自身（アイデンティティ）の一部を失うことでもあります。ですから、一度喪失体験を受け入れ、意味づけをし、アイデンティティを再構築する歩みが必要になってきます。そのプロセスを歩くには、その人が自分のストーリーを語ることが助けになります（7章）。その際に不可欠なのが、聴き手の存在です。グリーフを抱える人がストーリーを再構築できるようにと共感したり、時には「もう少しその時のことを教えてくださいますか」などと質問したりしながら共に歩きます。

以上、三つのイメージで傾聴の方法を整理してみました。私は、人の話を聴く時、イメージをもつことをとても大切にしています。イメージをもつことで傾聴の目的が明確になりますし、傾聴の場の雰囲気づくりに役立ちます。グリーフケアをしている人の中には「私は何もしていません。ただ聴いているだけです」と言われる方がいます。聴いているのですから何もしていないわけではありませんが、そのように感じる方も、イメージをもちながら話を聴くことで、目的意識をもちながら聴くことができるようになると思います。

本章では、グリーフケアの基本である傾聴について学びました。エマオの途上においてイエスさまは二人の弟子のストーリーに耳を傾けました。彼らの目は真理に対して覆われており、イエスさまが十字架にかかる前に繰り返し話されたことを全く理解していませんでした。二人が話し終えた時、イエスさまは言われました。

「ああ、愚かな者たち。心が鈍くて、預言者たちの言ったことすべてを信じられない者たち。」（ルカ24・25）

これを額面どおり真似するべきではないと思いますが、ここではイエスさまの心の声が漏れ聞こえているように思えます。人の話を聴いている時、「また同じことを言っている」とため息をつきたくなるようなこともあるでしょう。イエスさまも二人の話を聴きながら、ため息をつきたくなるような瞬間があったのではないかと想像します。それでも、イエスさまはまずはじっくりと彼らのストーリーに耳を傾けられました。そのイエスさまの姿に倣いたいと思います。

タリタ・クムタイム

A　自分自身のことを振り返りましょう

・これまで誰かに話を聴いてもらい、受けとめてもらえた経験がありますか？　それはどのような経験だったでしょう。その経験を思い出してみましょう。

B　あなたがグリーフケアをしている人たちのことを思い浮かべましょう。

・人の話を聴く時に難しさを感じることがありますか。それはどのような時でしょうか、また、なぜでしょうか。

・人の話を聴く時、あなたはどのようなことを心がけていますか？

・これから人の話を聴く時、どのようなイメージをもちながら聴こうと思いますか？

第11章　説き明かす

それからイエスは、モーセやすべての預言者たちから始めて、ご自分について聖書全体に書いてあることを彼らに説き明かされた。（ルカ24・27）

弟子たちは、目の前で起こった出来事について、独自の意味づけをしながらストーリーをイエスさまに伝えました。イエスさまご自身が力のある預言者だったこと、十字架にかかったこと、墓の中にイエスさまのからだが見当たらなかったことです。一つひとつが確かに起こった出来事です。でも、その一つひとつをつなげてもつじつまが合わない、バラバラの出来事であり意味が分からない「混乱と困惑のストーリー」です。それでもそのストーリーをじっくりイエスさまに聴いていただくことで、弟子たちの心は少しずつ整理されたのでしょう。イエスさまは、彼らのストーリーを聖書全体のストーリーの中に位置づけ、彼らが理解できるようにしてくださいました。彼らにとってバラバラの出来事が一つにつながり、そこに意味を見いだすことができるよう導かれたのです。

あまりに衝撃的な出来事に遭遇した時、私たちは混乱状態に置かれるために、何が起こっているのか分からないことがあります。混乱している時には、その出来事を受けとめることは難しいでしょう。このような時、支援者としてできる、次の四つのことを共に考えていきましょう。**正確な情報を伝える、共感しながら一緒に考える、聖書のみことばを伝える、**そして、**神さまのストーリーの中に位置づける、**です。

正確な情報を伝える

人は何が起こっているのか分からない時に不安になります。「不安」という感情は、対象が漠然としている時、つかみきれない時に生じると言われています。不安が強くなると、人は動けなくなりますから、まずは何が起こっているのか、正確な情報を伝えることが大切です。例えば、災害が起こった時、人々は何が起こっているのか、これからどんなことが起こるのか、分からないために不安が強くなります。そのような時には、その人が理解できる言葉で、できるだけ正確にその段階で分かっている情報を伝えることが助けになることがあります。例えば、子どもにはそれぞれの理解度に応じた言葉を選択します。「震度五の地震が……」といった抽象的な表現ではよく分からないので、「本棚がド〜ンと倒れるような地震」のように、表現を工夫します。また、これから起こるかもしれないことについて、分かっている範囲で伝えれば対策につながります。例えば、余震が続くかもしれないのでしばらくの間は避難所にいるほうがよいだろう、物資が届くと思うのでもう少しだけ辛抱するなど、目の前で起こっている状況を把握し、今後起こりうることについて想定できれば、その出来事を受けとめ、対策がとれやすくなるのではないかと思います。そのために、正確な情報を伝えます。

共感しながら一緒に考える

かけがえのないものを喪失する時、人は「なぜ自分にこのようなことが起こったのか」と問い続けることがあります。グリーフケアをしていると、怒りながらそのような問いをぶつけられることもあるかもしれません。「なぜ?」と聞かれると、答えなくてはいけない、答えたい気持ちに駆られます。けれども、良かれと思って答えても、必ずしも助けにならないことも多いように思います。私たちにできることは、まずその人の思いに共感することです。「なぜ自分にこのようなことが起こったのか」との問いに含まれる思いや感情に目を留めましょう。「自分にはこんなことは起こってほしくなかった」と思い、悔しい、悲しいといった感情があるのかもしれません。そして、その問いについてその人と一緒に考えます。こんなことは起こってほしくなかったと思いながらも、すでに起こってしまったことの意味を共に探し、もがきます。答えは見つからないかもしれませんが、共にその問いに取り組むこと自体に意味があります。

自死遺族のカウンセリングをしていた時、私は常に胃の下の部分に痛みを感じ、呼吸がとても浅くなっていました。ある時、遺族の方から「子どもは天国に行ったのですか。神さまが愛ならば子どもを天国に入れてくれていますよね」と聞かれました。質問されると、私はそれに答えなければと思ってしまいます。また、「神さまは」と言われると、神さまを弁護したいような気持ちにもなります。でも、私は「私にも分かりません。でも一緒に考えてみたいと思います。次のカウンセリングまで時間をください」と伝えました。一か月後のカウンセリングの時、同じ質問をされましたが、私は答えを見つけることができていませんでした。「もう少し考える時間をください」と言いました。このようなやりとりを数か月続けました。その間私は神さまの前に祈り、どう答えようかともがき続けました。そして、次のように言いました。「私には、お嬢さまが天国に行ったかどうかは分かりません。でも、たった数か月の間、彼女についてのお話を聴いただけで愛おしくなりました。私が数か月でもそのように思うのです。神様は彼女のことをずっと愛しておられました。ですから、彼女の苦しみや悩みをすべてご存じだったと思います」と言葉を選びながら、ゆっくりとお話ししました。これが最善の答えと思っていたわけではありません。「答えになっていない」と言われるかもしれないと思いながら話しました。私が話し終えた時、遺族の方は「そうですか」と静かに一言言われただけでした。その後のカウンセリングの中では、その問いが繰り返されることはありませんでした。もしかしたら、「この人にはこれ以上言っても仕方ない」と思ったのかもしれません。

私の応答がその方にとってどのような意味があったかは分かりません。でも、私はその方に限らず、ご遺族が出される問いには同じように応答するようにしています。つまり、答えられない問いに対して無理に答えないこと、分からないことは分からないと認めること、でも一緒に考えたい、時間がほしいとお願いすること、そして、祈りながら、できる限り考えること、その上で、丁寧に相手に「このように考えました」と伝えることです。分からなくても、誠実に相手に対して、問いに対して向き合い続けます。安易に結論づけることや、その場をやり過ごすために答えるようなことだけはしたくありません。グリーフの中にある人に誠実に向き合い、一緒に考え、一緒にもがきたいと思います。

聖書のみことばを伝える

みことばを伝えたいと思うならば、まずは相手の伝えたいことに耳を傾ける必要があると思います。そうでなければ、良かれと思って開いたみことばによって、その人が「裁かれた」と感じてしまうかもしれません。愛する人と死別した後、自責感や罪悪感に苦しんでいる人は少なくありません。「もっとこうすればよかった」、「なんであんなことを言ってしまったんだろう」と悩みます。その痛みを受けとめることが優先されると思います。時に、「みことばを読む気にはなりません」、「みことばを読むと心が痛みます」という人もいます。少し神さまへの信頼を失ってしまっているのかもしれません。このような時には無理にみことばを読むのではなく、じっくりと話を聴き、祈りつつ、時が来るのを待ちます。本人の中からみことばを求める思いが生じてきたら、一緒にみことばを読み、思いめぐらすとよいのではないでしょうか。

聖書のみことばを読む時、私のほうからみことばを選んで伝えることもありますが、「今、支えになっているみことばがありますか」と聞くようにしています。一緒にそのみことばを開き、思いめぐらします。すでに聖霊が働いてくださり、みことばが語られているならば、そのみことばに導かれていきたいと願うからです。グリーフの中を歩みつつ、みことばによって語られ、神さまのもとに導かれていくことで、もう一度神さまと出会い、深い交わりが与えられると信じています。

エマオの途上の弟子たちは、「目が開かれ、イエスだと分かった」(ルカ24・31)時、イエスさまにみことばを説き明かしていただいた経験を思い出しました。「道々お話しくださる間、私たちに聖書を説き明かしてくださる間、私たちの心は内で燃えていたではないか」(同24・32)。弟子たちはイエスさまからの説き明かしによって、目の前で起こった十字架から復活の出来事が、神さまのストーリーの中に位置づけられていることが分かりました。「混乱と困惑」でしかなかった出来事は、神さまの深いみこころのうちに成就された「贖い」と「復活」のストーリーであることに気づいたのです。

グリーフの中にある人が、たとえ神さまへの信頼を失っていたとしても、神さまのみことばによって語られ、励まされる時、その経験を通して神さまに再び出会い、慰められ、神さまを深く知る時となるようにと願います。主の前に祈りつつ、聖霊の導きを仰ぎながら、丁寧に聖書のみことばを伝えていきたいと思います。

神さまのストーリーの中に位置づける

エマオの途上の弟子たちが、イエスさまから聖書から説き明かしていただいた時、自分たちが経験したことの意味を理解することができました。二人がエルサレムに戻った時、他の弟子たちに、そのことを話したことでしょう。彼らが自ら経験した出来事に意味を見いだしたことは、間違いなくその後、彼らがキリストの証人として生きていく原動力となったはずです。

ここで一つ確認したいことがあります。それは、彼らは話し合ったり論じ合ったりすることだけでは、意味を見いだすことはできなかったということです。イエスさまの助けにより、自分たちの経験を神さまの壮大なストーリーの中に位置づけた時に、初めて意味を見いだすことができたのです。

グリーフプロセスにおいて、人は意味を求めます。そのプロセスにおいて話し合ったり論じ合ったりすることは大切なことだと心理学は教えます。でも、それだけでは意味を見いだすことができない時があることも事実です。聖書のみことばを通して神さまに語られて初めて「なるほど、そういうことだったのか」と意味が分かることがあります。

7章の「意味を見いだすこと」で恩師の話を書きましたが、それには続きがあります。そこでは、恩師が亡くなる前に電話をして遺してくれた言葉によって私の人生が大きく転換したことを書きました。でも、それをすぐに受け入れることができたわけではありません。長いもがきの時間がありました。最初は、恩師が亡くなった悲しみに暮れました。同時に、なぜ亡くなる前にあのような言葉を遺されたのか、理解できませんでした。

当時の私は臨床心理士として、自死遺族のケアなどさまざまな働きをしていました。もっと臨床心理士としてスキルアップし、さまざまな分野で働きたいと思っていました。すべてが順調で何かを変える必要性を少しも感じていなかったのです。でも、恩師が天に召された後、遺された言葉の意味を祈り求めていく中で、私は大きく揺さぶられました。「もうこのままで十分なのに、どうして今さら」と頭の中ではグルグルと同じ問いが回っていました。正直、当時は意味を理解した上で神さまに従ったわけではありません。意味が分からないながらも導かれるままに、神さまのみこころと信じる道に進みました。言い換えれば、神さまのストーリーの中に自分自身を位置づけたのです。それによって、徐々に「意味」を理解してきたように思います。

ここでの「意味」とは、恩師が召される前にあの言葉を遺された意味です。もし別の時に同じことを言われても、私はおそらく聞き流していたでしょう。あのタイミングでなければ、自分自身が大きく揺さぶられ、方向転換をすることはなかったでしょう。そして、私が「キリストの愛に基づくグリーフケア」を伝える使命に生きることはなかったと思います。

意味を見いだすには、時には何か月も、何年もかかることがあります。一人で悩んだり、誰かと話したりしながら意味を求めることも大切です。でも、その営みを続けている時にイエスさまが近づいてくださり、「歩きながら語り合っているその話は何のことですか」（ルカ24・17）と聞いておられることを覚えたいと思います。そして、イエスさまにすべてを話し、イエスさまに聖書のみことばを通して語っていただき、神さまのストーリーの中に自らを位置づけることで、「なるほど、そうだったのか」と意味を見いだすことができるのではないでしょうか。

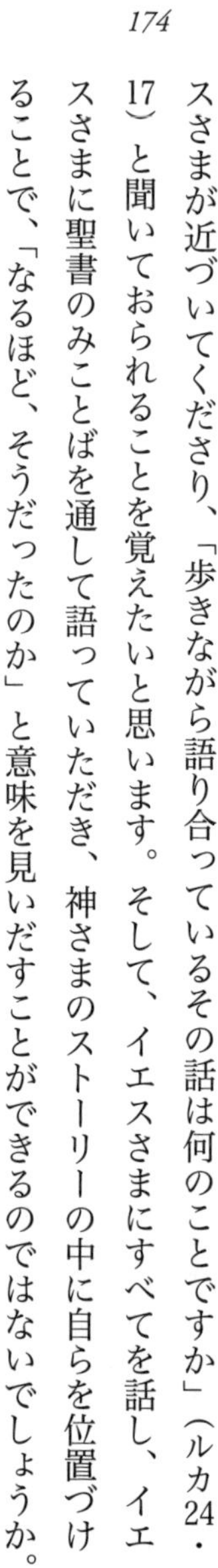

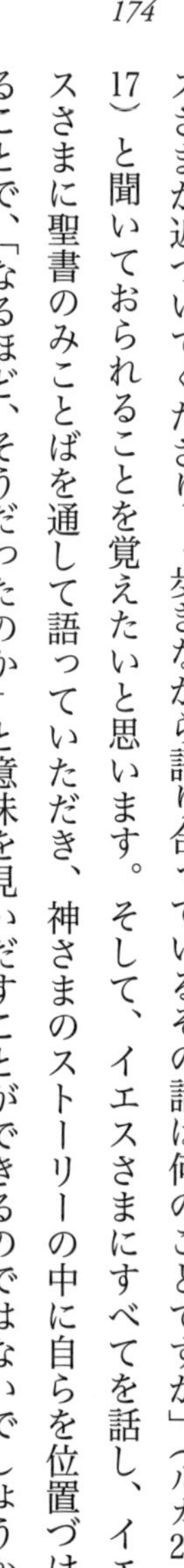

タリタ・クムタイム

A　**自分自身のことを振り返りましょう。**

・グリーフの中にあった時、神さまはみことばを語ってくださいましたか？　その時の経験を具体的に思い起こしてみましょう。

・みことばを読みたくないと思った時、みことばを読むとかえって心が痛んだ経験がありましたか。もしあれば、その時の経験を思い出してみましょう。

B　**あなたがグリーフケアをしている人たちのことを思い浮かべましょう。**

・グリーフケアをする者として、みことばを説き明かすことに難しさを覚える時がありますか。それはどのような時でしょうか。

第12章　食卓に着く

彼らは目的の村の近くに来たが、イエスはもっと先まで行きそうな様子であった。彼らが、「一緒にお泊まりください。そろそろ夕刻になりますし、日もすでに傾いています」と言って強く勧めたので、イエスは彼らとともに泊まるため、中に入られた。そして彼らと食卓に着くと、イエスはパンを取って神をほめたたえ、裂いて彼らに渡された。すると彼らの目が開かれ、イエスだと分かったが、その姿は見えなくなった。二人は話し合った。「道々お話しくださる間、私たちに聖書を説き明かしてくださる間、私たちの心は内で燃えていたではないか。」二人はただちに立ち上がり、エルサレムに戻った。すると、十一人とその仲間が集まって、「本当に主はよみがえって、シモンに姿を現された」と話していた。そこで二人も、道中で起こったことや、パンを裂かれたときにイエスだと分かった次第を話した。（ルカ24・28〜35、傍点は筆者による）

イエスさまによるグリーフケアの四つ目は、食卓に着くということです。大切なものを失うことは、つながりを失う経験でもあります。故人とのつながり、周囲とのつながり、時には神さまとのつながりを失うこともあるでしょう。つながりを失うことにより、悲しさや孤独感などのグリーフ反応が生じます。それだけではなく、これまでに説明してきたように、人のアイデンティティは、つながりによって構築されますから、つながりを失うことは、自分の一部を失う経験にもなるのです。このように、喪失後の心理過程において、つながりの回復／再生を支援することはとても大切です。つながりの回復／再生の支援について考えていきましょう。

イエスさまとつながる

イエスさまは、エマオの途上の弟子たちによって食卓に招かれました。「イエスさまは十字架上で亡くなり、葬られた」というストーリーの中に生きていた彼らにとって、イエスさまは過去の人物でした。でも、イエスさまがパンを裂いて彼らに渡した時、目が開かれました。その時、復活されたイエスさまとのつながりに気づいたのです。

「道々お話しくださる間、私たちに聖書を説き明かしてくださる間、私たちの心は内で燃えていたではないか。」（ルカ24・32）

イエスさまにとっては、彼らは変わらずに弟子であり、その関係は続いていました。ところが二人の弟子たちは「イエスさまとの関係が終わってしまった」と思っていたのです。彼らは、やっと食卓において、新たにイエスさまとのつながりに気づくことができました。

大切なものを失う時、神さまの存在を遠くに感じる人もいます。神さまに見捨てられたかのように思う人もいるでしょう。神さまへの怒りから背を向けてしまう人もいるかもしれません。神さまは変わらずに近くにいるのに、人のほうから神さまとのつながりを断ち切ってしまうことがあります。そのような時、もし私たちが「神さまを信じることができないのですか」とその人を責めたり、「神さまは近くにおられますよ」とその人を教えるような態度で接したりするならば、ますますその人は神さまから離れてしまうかもしれません。まずその人に近づき、その人の思いに耳を傾け受けとめていくところから始めましょう。イエスさまとのつながりを回復するようにと祈りながら、共に歩き続けたいと思います。

周りの人とつながる

グリーフプロセスは一人で歩むものと考える方もいます。グリーフは個人的な問題としての意味合いが強く、一人で取り組む面もあります。他の人が代わってあげることはできません。しかし、周囲との関係を切り離して行われるものでもありません。大切なものを失う経験には、それまでの人間関係の喪失も含まれます。例えば、夫と死別することにより、夫の友人や会社の同僚、夫の家族との関係は希薄になるかもしれません。このように関係が薄くなることは、「妻」としてのアイデンティティの喪失を徐々に認知させられることでもあります。一方、新しい出会いもあるかもしれません。その新しい出会いと交わりを通して、新しいアイデンティティを構築していくことになるでしょう。

自死遺族の中には、「自死であったことを隠さなくてはいけない」と思うために、周囲との関係をあえて断つ方もおられます。愛する人を喪い、寂しさの中に置かれているのに、周囲との関係が切れてしまうことで、さらに孤独になります。また、自死であったことを話すべきではないと考えるために、故人のことや故人を亡くした経験について周囲に話すことができず、時間が止まったように感じてしまう場合も少なくありません。もちろん、無理に周りとのつながりをもたなくていけないと言っているわけではありません。でも、周囲とのつながりを回復／再生することが、グリーフプロセスにおいて助けになることがあります。

そのために私たちには何ができるでしょうか。例えば、「もし話をしたくなったら連絡してほしい」と伝えておくのも良いでしょう。気にかけていることを伝えるためのカードを送ることも一案でしょう。相手に「一人ではない」ということを伝えていきたいと思います。そうすることで、その人が求める時に、つながりをもちやすくなるでしょう。

コミュニティとつながる

一対一でのつながりも大事ですが、コミュニティとのつながりも助けになることがあります。愛する人を亡くした方々が自由に思いを語る場として、グリーフカフェや遺族会のようなグリーフ・コミュニティがあります。グリーフ・コミュニティに集まっている複数の人たちとつながることの意味を、次の四つのポイントでまとめます。

⑴喪失後にはそれまでの人間関係から距離を置く人や自分の体験を人に話さない／話せない人がいます。彼らがグリーフカフェや遺族会に参加し、その場に集まる人々が自由に体験を話すのを聴くと、「そんなことも話してもいいのだ」と思うこともあるようです。最初は聴くだけでも、参加し続ける中で徐々に自分の体験も話すことができるようになります。

⑵同じような体験をしている人から、喪失後にどのようなプロセスをたどったのかを聴くことができます。愛する人と死別した後、「これから自分はどうなっていくのだろう、これから自分に起きることに耐えられるのだろうか」と不安に襲われる遺族は少なくあ

りません。全く同じ経験というものはありませんが、似たような経験をした人たちから話を聴くことは、今後の見通しをつけるためにも助けになります。

⑶自分自身の体験（ストーリー）を話しながら、自分の考えや思いが整理されていきます。愛する人を亡くした直後は、時系列も混乱し、記憶も曖昧になることがあります。安心・安全な環境で話をすることによって、断片的にしか覚えていなかったことがつながり、少しずつ喪失の事実を受け入れていくことができます。

⑷お互いのストーリーを聴くことで、話している人も聴いている人も「そういえばあの時こんなふうに感じていた」と、忘れていたことを思い出すことができます。それによって新しい気づきが与えられ、ストーリーがつづられていきます。また、そのストーリーを繰り返し話すことで、混沌としていた自分自身の思考が整理されるだけではなく、愛する人を亡くした経験が自分にとってどのような意味があるのかと意味づけすることにもつながるでしょう。これを「ストーリーが分厚くなる」と表現します。

以上のように、グリーフ・コミュニティにおいて人の体験を聴くこと、そして自分の体験を話すことは、大切なグリーフケアです。もちろん、このような会をするためには、会の主催者やボランティアの方がグリーフケアについての基本的な知識を学んでおく必要があります。そもそも教会はイエスさまを中心とした慰めに満ちたコミュニティです。ですから、グリーフケアについて学び、一人ひとりの心が整えられることで、人々が集まり、それぞれのグリーフを自由に語り、イエスさまによる慰めを受けるグリーフ・コミュニティとして成長するのは、すべての教会の使命であると私は思います。

故人とつながる

最後に、故人とのつながりについても述べたいと思います。まず覚えておきたいことは、死によって故人との関係が終わるわけではないということです。愛する人が亡くなったからといって、その方との関係が断ち切られるわけでも、その関係がなかったことになるわけでもありません。私は死別後も、故人との関係性は継続しうると思いますし、死別後のほうが、故人の存在を近くに感じられる場合もあると思います。死は愛する人との関係を終わらせることはできません。私たちは思い出の中で故人とつながり続け、励まされたり慰めを受けることもあると思います。

故人とのつながりを支援するためにも、愛する人を亡くし、グリーフの中にある人のストーリーに耳を傾けたいのです。もし本人が望むならば、形見や故人の写真を見せてもらい、それに関連するストーリーを話してもらうことも大切なグリーフケアです。お父さんを亡くした中学生の中には、お父さんの写真を持って来て思い出を話してくれた人もいます。「教室では泣けない、元気なふりをしなくてはいけない、だから学校に行くのがつらい」と話す中学生も、相談室では人の目を気にせずに思い出を話せるように、泣きたい人は泣くことができるように、環境を整えることは必要な支援だと思います。

タリタ・クムタイム

A　自分自身のことを振り返りましょう

・愛する人と死別した後、神さまや周囲とのつながりを失った経験がありますか？　それはどのような経験でしたか？

・「失った」つながりをもう一度回復したいと思いますか？　それは誰とのつながりですか？　そのつながりを回復することは、どのような意味がありますか？

B　あなたがグリーフケアをしている人たちのことを思い浮かべましょう。

・その方は誰とのつながりを失っているでしょうか。そのつながりを失っていることは、その方にどのような影響があるでしょうか？

・失っているつながりを回復することがその方にとって益となるならば、あなたはその回復のために何をすることができるでしょうか？

コラム 「グリーフケアとゆるし」

グリーフケアと「ゆるし」は深く関連しています。ゆるせない思いは怒り、悲しみ、寂しさなど、さまざまな感情と絡み合い、私たちから心の平安を奪い去ります。グリーフの中にある人にとっても、グリーフケアをする者にとっても、「ゆるし」はとても大切なテーマです。

まず、グリーフの中にある人にとっての「ゆるし」についてです。そのおもな対象は、自分、他者、故人、神さまです。

自分をゆるせない ― グリーフ反応の一つとして、愛する人を亡くす時に感じる罪悪感や自責感について説明しました。もっと早くに病院に連れて行けばよかった、どうして気づいてあげられなかったのかと自分を責めます。この罪悪感や自責感が強い場合には、自分をゆるせない思いにとらわれてしまうかもしれません。

他者をゆるせない――大切なものの喪失に関連している人を「ゆるせない思い」になることがあります。例えば、愛する人を亡くした場合には、病院関係者に対して、加害者に対してなど、なんらかの形でその人の最期に関わった人をゆるせない思いになるかもしれません。それだけではなく、自分のグリーフを理解してくれない周りの人、心ない言葉をかけてきた友人に対しても、同様の思いになることもあるかもしれません。

故人をゆるせない――故人に対しても「どうして自分を置いて逝ったのか」と責めるような気持ちになることがあります。自死遺族の中には、故人が自死したことで、社会から「自死遺族」のラベルを貼られ、生きづらさを感じてしまうことがあり、「どうしてこんな思いをさせられなくてはいけないのか」と故人をゆるせない思いになることもあります。

神さまをゆるせない――「どうして助けてくれなかったのか」、「どうして私にこのような痛みを負わせるのか」と、持って行き場のない思いを神さまにぶつけ、神さまをゆるせない思いになることもあるでしょう。

このようにグリーフプロセスの中で、さまざまな対象に対して、時には複数の対象に対して同時に「ゆるせない」思いを持つことがあります。私がアメリカの神学校にいた時、退役軍人の老人ホームでチャプレンの訓練を受けていました。一人の車いすの方が近づいて来られました。「なぜ日本人がここでチャプレンなんかしているんだ。神に対して俺は怒っているんだ。神なんかいないんだ」と責められました。チャプレンの訓練を始めたばかりの私は、彼を「神さまのもとに導かなくては」と思いましたし、神さまのことをひどく批判されるので、神さまを弁護しようともしました。でも、そのような姿勢で接していた時には彼の怒りを助長するだけでした。スーパーバイザーから「言葉を挟まずに話を聴いてごらん」と言われました。次の機会が訪れた時に話を聴いてみました。すると、その方の心の中にある深い罪悪感が神さまを責める言動につながっていることが分かりました。日本に戦争に行った時に、たくさんの人を殺したというのです。「どうして神さまは自分を止めてくれなかったのか。たくさんの人を殺した自分がゆるせない」と語ってくださいました。自分自身のことをゆるすことができずに苦しんでいた彼は、神さまに向かって怒り、神さまをゆるせない思いに苦しんでいました。ですから、その神さまのことを伝えようとする私のこともゆるせなかったのだと思います。このように「ゆるせない思い」によって、人は長い間苦しむこともあります。

グリーフケアをする者にとっても「ゆるし」は大切なテーマです。何もできない自分、意図していないのに傷つけるようなことを言ってしまう自分をゆるせない思いになるかもしれません。そしてますます自分自身を追い込んでしまうこともあります。災害が起こり、困っている人たちを支援したいと出かけていった支援者の中には、あまりの悲惨な光景を目にしたために耐えられなくなり、途中であきらめて帰っていく人もいます。そして、支援を続けられなかった自分を責め続ける人も少なくありません。このように、被災地支援に限らず、グリーフケアをする時、無力感・自責感によって打ちのめされてしまうこともあります。自分をゆるせない思いは、人から生きていく力を奪っていくのです。

クリスチャンは主の祈りで「われらに罪をおかす者をわれらがゆるすごとく、われらの罪をもゆるしたまえ」と祈ります。イエスさまが私たちに教えてくださった大切な祈りです。人にとって「ゆるし」がどれほど重要なテーマなのか、また時に誰かを、また自分自身を「ゆるす」ことがどれほど難しいのかを意味していると思います。「ゆるせるものならゆるしたい、でもゆるせないから苦しい」ということもあるかもしれません。また、たとえゆるしたところで、心の中にある痛み、悲しみ、寂しさ、怒りがなくなるわけではありません。この行き場のない感情が「ゆるすこと」を難しくさせることもあります。

このような時でも、クリスチャンには「嘆き」というギフト（賜物）が与えられています。「人は泣く、クリスチャンは嘆く（To Cry is Human, To Lament is Christian）」[16]というフレーズがあります。クリスチャンは「嘆き」を通して神さまのもとに、正直な思いを祈りと共に差し出すことができます。嘆くことで、どこに行き着くのでしょうか。それは十字架です。自らの罪がイエス・キリストの贖いの恵みによってゆるされているということ、その恩寵の中に導かれる時、人も自分自身もゆるすことができるのではないでしょうか。

> 私はキリストとともに十字架につけられました。もはや私が生きているのではなく、キリストが私のうちに生きておられるのです。今私が肉において生きているいのちは、私を愛し、私のためにご自分を与えてくださった、神の御子に対する信仰によるのです。私は神の恵みを無にはしません。（ガラテヤ2・19〜21）

神さまを信じているクリスチャンは、嘆くことを通して十字架に目を上げ、自分の罪がゆるされている恵みの中を生きることができます。嘆きは、クリスチャンに与えられているギフトです。

自分自身に対しても、誰かに対しても、「ゆるし」は、人から人に与えることができるものではないのかもしれません。たとえ人から「あなたをゆるします」と言われたとしても、自分で自分がゆるせないこともあるでしょう。一方、「あなたのことをゆるします」と誰かにゆるしを宣言しても、ゆるせない思いが自分の心から消えないこともあります。「ゆるし」は、イエス・キリストの十字架を見上げることにより、聖霊が私たちの内側に働いてくださる時に魂にもたらされる御業なのだと思います。

タリタ・クムタイム～第3部の振り返り～

A　自分自身のことを振り返りましょう

・「ゆるし」について読みながら、どのような思いをもちましたか？

B　あなたがグリーフケアをしている人たちのことを思い浮かべましょう

・本書を読み終えて、新たにどのようなグリーフケアをするよう導かれていますか？

注

（1）水野治太郎『ナラティヴ・アプローチによるグリーフとグリーフケアの理論と実際 ── 人生の「語り直し」を支援する』金子書房、二〇一七年

（2）聖書の壮大なストーリー（物語）の中でグリーフとグリーフケアを読み解く土台として、N・T・ライトの著作を参考にしました。N・T・ライト『クリスチャンであるとは ── N・T・ライトによるキリスト教入門』（上沼昌雄訳、あめんどう、二〇一五年）、『シンプリー・グッドニュース ── なぜ福音は「良い知らせ」なのか』（山﨑ランサム和彦訳、あめんどう、二〇二〇年）、その他、旧約・新約聖書を貫く神のストーリーについては、鎌野直人『聖書六十六巻を貫く一つの物語 ── 神の壮大な計画』（いのちのことば社、二〇二一年）があります。

（3）イエス・キリストの働きをグリーフケアの視点から読むために、以下の書籍を参考にしています。N・T・ライト『シンプリー・ジーザス ── 何を伝え、何を行い、何を成し遂げたか』（山口希生・山口秀生訳、あめんどう、二〇一七年）、『イエスの挑戦 ── イエスを再発見する旅』（飯田岳訳、鎌野直人監訳、いのちのことば社、二〇一八年）

（4）N・T・ライト『イエスの挑戦』三二四〜三二五頁

（5）ポーリン・ボス『「さよなら」のない別れ、別れのない「さよなら」── あいまいな喪失』（南山浩二訳、学文社、二〇〇五年）

（6）ポーリン・ボス『認知症の人を愛すること ── 曖昧な喪失と悲しみに立ち向かうために』（和田秀樹監訳、

森村里美訳、誠信書房、二〇一四年）xiv頁

（7）ロバート・A・ニーメヤー『〈大切なもの〉を失ったあなたに喪失をのりこえるガイド』（鈴木剛子訳、春秋社、二〇〇六年）二九～三六頁

（8）J・W・ウォーデン『悲嘆カウンセリング［改訂版］——グリーフケアの標準ハンドブック』（山本力監訳、上地雄一郎・桑原晴子・濱崎蒼訳、誠信書房、二〇二二年）

（9）Margaret S. Stroebe and Henk Schut,「死別体験へのコーピング（対処）の二重過程モデルから見た意味の構成」『喪失と悲嘆の心理療法——構成主義から見た意味の探求』（R・A・ニーメヤー編、富田拓郎・菊池安希子監訳、金剛出版、二〇〇七年）六八～八二頁

（10）Margaret S. Stroebe and Henk Schut,「死別体験へのコーピング（対処）の二重過程モデルから見た意味の構成」七〇頁

（11）ロバート・A・ニーメヤー『〈大切なもの〉を失ったあなたに喪失をのりこえるガイド』七九頁

（12）ロバート・A・ニーメヤー『〈大切なもの〉を失ったあなたに喪失をのりこえるガイド』八五頁

（13）ポーリン・ボス『認知症の人を愛すること』二二頁

（14）ロレイン・ヘツキ、ジョン・ウィンスレイド『人生のリ・メンバリング——死にゆく人と遺される人との会話』（小森康永、石井千賀子、奥野光訳、金剛書房、二〇〇五年）二四頁

（15）ロレイン・ヘツキ、ジョン・ウィンスレイド『人生のリ・メンバリング』二六頁

（16）Mark Vroegop, *Dark Clouds, Deep Mercy: Discovering the Grace of Lament* (Wheaton, IL: Crossway Books, 2019), p. 26

あとがき

本書は、グリーフケアセミナーをする中で私自身が教えられたことをまとめたものです。セミナーを受講してくださった皆様、またグリーフケアの重要性を受けとめて、出版のために尽力してくださったいのちのことば社の峯島平康氏、山口暁生氏に心からの感謝を申し上げます。

これまでの人生を振り返りつつ執筆しました。たくさんの人たちに支えられてきたことを改めて思い巡らしています。特に、「あなたは、みことばを宣べ伝えなさい」と私の魂を揺るがす言葉を遺された故長谷美代子牧師に感謝します。これからも主が導かれる道を真実に歩んでいきたいと思います。

また、私にとってかけがえのない宝物である夫・敬人に感謝します。どのような時にも穏やかな優しい笑顔でそばにいて、「あなたが信じる道を生きたらいいよ」と変わらない愛で私を包み込んでくれる夫を心から愛し、尊敬しています。

最後に、私を信じ、励まし、愛を注ぎ続けてくれている父・永野憲一、母・淑子に感謝しつつ、エマオの途上を共に歩まれる主に本書をささげます。

岩上 真歩子

キリストの愛に基づくグリーフケア
～エマオの途上を主イエスと歩む～

2023 年 4 月 25 日発行
2024 年 7 月 25 日 3 刷

著　者　岩上真歩子

印刷・製本　日本ハイコム株式会社

発　行　いのちのことば社
〒164-0001 東京都中野区中野 2-1-5
TEL 03-5341-6920
FAX 03-5341-6921
e-mail：support@wlpm.or.jp
ホームページ http://www.wlpm.or.jp/
新刊情報はこちら

乱丁落丁はお取り替えします　Printed in Japan

ISBN978-4-264-04426-0